仕事ができる社員、できない社員

Why Some People Succeed at Work and Others Fail

吉越浩一郎

三笠書房

はじめに――私が経営者として、絶対に手放したくなかった社員とは?

仕事ができる社員、できない社員はどこがどう違うのか――?

たとえば、仕事ができる社員は、「早く失敗に気づく」ことの重要性をわかっています。だから、判断することや、行動することをためらいません。

走り始めてみて、もし何かうまくいかないことがあれば、そこで軌道修正すればいい、と考えます。もし、何かミスがあったとしても、早い段階でそれに気づけば、すぐに挽回することができます。ミスを小さな芽のうちに摘むことができるわけです。そのほうが、結果として効率の面でも、コストの面でも、また完成度の面でも望ましい結果が出るということを、仕事ができる社員はわかっています。

逆に、仕事ができない社員は「早く失敗に気づく」ことの重要性をわかっていません。だから、ダラダラといつまでも判断や行動を先延ばしし、何をするにも時間がかかります。時間がかかるということは、労力もお金もかかるということです。そういったコスト意識がなく、何かミスが起きたときには、すでに取り返しのつかない事態になっていたりするのです。

また、仕事ができる社員は、あらゆる仕事に「デッドライン」を設定します。「いつまでに何をやるか」を明確に決めて、それに従って効率的に、集中的に仕事を進めます。

この「デッドライン」があるかないかは、仕事の結果を直接的に左右します。なぜなら、人間は弱いもので、易きに流れる性質を持っているからです。「デッドライン」が決まっていないと、なかなか集中できず、ダラダラと仕事をしてしまうという危機感を、仕事ができる社員は持っています。だから、自分に対して積極的に「デッドライン」を課します。そうやって仕事力を磨いていくのです。

一方、仕事ができない社員は「デッドライン」が曖昧《あいまい》です。そのためにダラダラと仕事をします。そして仕事が後手後手に回り、時間に追い立てられることになります。だから、定時に仕事が終わらず残業する結果となり、睡眠時間も短くなり、翌日は頭も体調も冴えないために仕事の効率が上がらず、さらに追い立てられていくのです。まさに悪循環です。

さらにハングリー精神に満ちていることも、仕事ができる社員の条件です。ハングリー精神がある人は、目の前の仕事から様々なことを貪欲《どんよく》に学びます。そして自らの能力を磨いていくと同時に、「人の上に立つ」ための資質を身につけていきます。その結果、会社での地位が上がっていきますから、給料の面でも、仕事ができない社員との差をますます広げていくのです。

このように、これから本書で述べていく話は、机上の空論ではありません。私が長年、ビジネスの世界で自ら実践してきたことであり、また、トリンプ・インターナショナル・ジャパンという会社で、一九年間にわたって経営者として接してきた多くの社員の中でも、「この社員は絶対に手放したくない」と思う社員たちが実践していたことです。

本書では、そのことを余すところなく紹介していくつもりです。

考え方や能力、習慣、性格、仕事への取り組み方など、様々な角度から、仕事ができる社員、できない社員はどこが違うのか——その分岐点を挙げて、ではどうすれば仕事ができる社員になれるのか——その方法も述べていきたいと思います。

経営者や管理職の方から若いビジネスマンにまで、本書が、よりよい仕事をするためのヒントやきっかけとなれば、これに勝る喜びはありません。

吉越浩一郎

目次

はじめに――私が経営者として、絶対に手放したくなかった社員とは？　1

1章　こんな「考え方」ができる人

「勝ち負け」にこだわる人
この世は弱肉強食――ライオンの餌になるな　16
「結果がすべて」と考える人
「努力」に満足する二流、「成果」に満足する一流　22
あえて逆境に身を置ける人
上司を頼りにするな、会社をアテにするな　26
運、不運にとらわれない人
「成功には運が必要だが、運だけの成功はない」　32
「損な役回り」を買って出る人
敗軍の〝しんがり〟は、実力者にしか務まらない　35

いつか独立したいと考えている人
〝滅私奉公〟から抜け出せる社員、抜け出せない社員　39
バカになれる人
今の一〇倍給料を稼ぐための絶対条件　43

2章　こんな「習慣」がある人

楽観的な人、悲観的な人
「イメージ」一つで仕事はここまで変わる　52
「ムダな体力」を使わない人
「ここぞ」の場面で力が出せるか、出せないか　56
「始動」するのが早い人
「仕事がはかどる環境」は自分でつくる　62
本をよく読む人
「人の上に立つ」ための勉強法　69

3章 この「能力」を持っている人

「なぜ、なぜ、なぜ」と考える人
論理的に仕事をするとは、こういうこと 75

整理がうまい人、へたな人
なぜ、できる人の机は一目瞭然なのか? 80

走りながら考える人
「六割正しいと思ったら実行に移せ」 86

初志を貫徹できる人
「成功するまでやれば、成功する」法則 90

「決着をつける」のが早い人
常に「スピード」を意識して仕事せよ 94

一歩先を見て動く人
行き当たりばったりの仕事を防ぐ段取り力 97

アイデアを形にできる人
目の前の「宝の山」に気づくか、気づかないか？ 102
感情をコントロールできる人
あえて〝怒り〟を見せるべきとき、隠すべきとき 107
敵を敵のままにしておかない人
あなたの〝器量〟はここで試される 110

4章 この「仕事の基本」を守る人

常に先手必勝で動く人
「緊急ではないが重要な仕事」に価値がある 114
締め切りを必ず守る人
すべての仕事に「デッドライン」を設定する 119
「打ち合わせ」が多い人、少ない人
仕事は人から教わるものではない！ 124

5章 この「要領」をつかんでいる人

集中するコツをつかんでいる人
私が「がんばるタイム」を活用した理由 129

得意・不得意がはっきりしている人
どんな難問も小さく分ければ必ず解ける 134

指示された以上のことができる人
〝のびしろ〟がある社員、ない社員 139

周りの協力を得られる人
できる人は、自分の考えを〝周知徹底〟させる 144

情報収集に熱心な人
いい話も、悪い話も耳に入ってきているか? 149

人脈がある人、ない人
「また会いたい」と思われる人の共通点 153

6章 こんな「性格」をしている人

人を上手に使える人
結果が伴っていない人に説得力なし 156

人をおだてるのがうまい人
相手をほめる前に、考えておきたいこと 160

自分の権利を主張する人
「今いうべきことか」を冷静に見極めよ 163

女性社員に好かれる人
「優しく」するより、「信頼」してやれ 167

自分にも他人にも厳しい人
リーダーに必要な「四つのE」とは? 172

社風に染まる人、染まらない人
「落ちこぼれる社員」はここでわかる 177

7章 こんな「価値観」で動く人

一度決めたことは最後までやる人
「悪い奴ほどよく眠る」人になれ 179
自分の頭で考えられる人
感覚だけで仕事をしている人の落とし穴 184
何でも自分でやろうとする人
「上司」ではなく「仕事」が部下を育てる 188
短所を必死で直そうとする人
〝ムダな努力〟はしなくていい! 191
プライドが高い人、低い人
「自己評価」は毒にも薬にもなる 194
会社を利用しようとする人
「会社に勤めるのはゲームのようなものだ」 198

仕事とプライベートをはっきり分ける人
ワーク・ライフ・バランスが「働き方」を変える 206
減点主義の人、加点主義の人
なぜ、同じ失敗を繰り返すのか？ 210
本音で動く人、建前で動く人
会社は〝ここ〟からおかしくなり始める！ 214
目上の人と付き合う人、付き合わない人
仕事の話は職場で完結させるのが基本 218
「仲間意識」が強い人、弱い人
チームプレーよりもまず大事にすべきこと 223
「過去のやり方」にこだわる人
こうすれば「最善手」が見えてくる！ 228
リスクを取る人、取らない人
できる社員は、「一か八かの勝負」はしない！ 232

本文ＤＴＰ／株式会社Ｓｕｎ Ｆｕｅｒｚａ

1章

こんな「考え方」ができる人

Why Some People Succeed at Work and Others Fail

「勝ち負け」にこだわる人

この世は弱肉強食——ライオンの餌になるな

仕事ができる社員は、強烈な野性味とハングリー精神を持っています。

もっといい仕事をしたい。

もっといいポジションにつきたい。

もっと素敵な恋人を見つけたい。

もっとお金を稼ぎたい。

もっといい生活がしたい——。

「もっともっと」と上を目指す気持ちを持つことが、仕事ができる社員になるための前提条件です。今の状態が何とか維持できればいい、などと安定志向になっていると、いつか周りに食われてしまいかねません。

世の中は、すべてが競争です。

そして、自分の足下を固め、上昇志向でどんどん上に上がっていくためのハングリー精神を持つことがいかに重要かを、いち早く認識できた人が競争に勝ち残っていきます。

鹿の群れがライオンに襲われたら、鹿たちは周りにいる家族や兄弟に構う余裕もなく一斉に逃げ出します。そして、体力のないものや病気のもの、ケガをしたものがライオンの犠牲となることで、集団は生き延びていきます。厳しい世界なのです。

ハングリー精神のない人は、ライオンの餌に自ら志願するようなもの。競争に勝つために、体を鍛えることも知恵を磨くこともせずにいるのは、前向きに進歩していく人たちから置いていかれることを漫然と受け入れるのと同じです。

だから、勉強を欠かしてはいけません。

知識を蓄え、頭の使い方を学ばなくてはいけません。

今は、勤めている会社がいつどうなるかわからない時代です。ある日突然、自分が会社を離れなければならないときがくる可能性もあります。そのとき、新しい会社で自分に何ができるのか、一度じっくりと考えてみることです。

あなたには何ができますか？

どの会社でも通用する普遍的な技術を何か持っていますか？

資格はありますか？

英語は話せますか？

ＩＴの知識はありますか？

会計の知識を持っていますか？

マーケティングに関してはどうでしょうか？


会社を辞める人には二つのパターンがあります。

一つは、それなりの技術を持って会社を飛び出していく「スピンアウト」といわれる形のものです。もう一つは、社内での評価が低く、仕事を任せてもらえなくなって自主的に会社を辞めたり、追い出されたりする「ドロップアウト」で、四〇代、五〇代で新しい仕事を探している人には、後者のタイプが多いようです。

ドロップアウト組には、なかなかいい仕事は回ってきません。第一に、その年代に対する募集は、「できる人」を常に求めている外資系企業からが多いので、英語ができなければばそれだけで仕事の幅がぐんと狭まります。少ない仕事を日本語しかできない者同士で取り合わなければなりません。

一方、英語ができれば仕事を選ぶこともできますし、高い給料だってもらえます。まさに、世の中は競争で成り立っていることがわかるいい例です。

そもそも、二〇代後半から三〇代半ばまでにヘッドハンターから一度も声がかからないなら、その人はビジネスマンとしての実力、社会人としての魅力に欠けていると自覚したほうがいいかもしれません。たとえ勤めている会社では高く評価されていたとしても、裏を返せば「その会社でしか評価されていない」ということです。

しかし、英語や会計など、普遍的な技術や知識、資格を身につければ、今勤めている会社はもちろん、他の会社に転職しても役立てることができます。どこに行ってもそれなりの待遇を受けられるし、活躍できる場を与えてもらえるはずです。

だから、時間を見つけて勉強するべきなのです。

一九七六年、私が二九歳で香港のメリタというコーヒーメーカーに勤めていたときの話です。ドイツ人のアジア地区代表が「breake-even point（損益分析点）の出し方を知っているか?」と声をかけてきました。彼は、アカウンティングマネージャーからその算出法を学び、私に自慢したかったようです。

私にしてみれば、「自分はそんな基本的なことも知らない上司の下で働かされているのか……」と、愕然とする出来事でした。三〇年以上も前のことですが、いまだに強烈にそのときのことを覚えています。

実際、振り返ってみると、その人が残した実績は、目も当てられないほどひどいものばかりでした。私にとって、勉強をしない人間は結果を出せないという見本のような人でした。

世の中は競争です。

そして、その競争には勝たなければいけません。

そのためには、自分であらゆる機会をとらえ、勉強することが一番確実な近道です。

すべてが競争であり、それがこの世の中の原理原則なのです。

このことを何度も繰り返していうのは、誰もが例外なく厳しい競争の場に置かれた立場であることを、意識してほしいと思うからです。

ここからは逃れられないのです。仕事ができる社員は、そういう精神を持って、「自分は何をしなければならないのか」を常に考えています。

あなたは後れを取っていないでしょうか。

自分を取り巻く狭い社会で生きることだけ考えていると、大局を見失います。あなたが生きている会社とか地域といった狭い社会は、その外にある社会全体からの影響を常に受けていて、その結果どうなるかは誰にもわかりません。予測して、事前の準備ができるかどうかは、すべてあなた次第なのです。

「結果がすべて」と考える人

「努力」に満足する二流、「成果」に満足する一流

ビジネスである以上、結果がすべてなのは当然のことです。

一方で、プロセスを大事にしていれば間違いなく結果は出るのです。

つまり、結果がすべてと考えることと、プロセスを大事にすることは、関係のない話ではありません。プロセスをないがしろにして、いい結果を出すことはできません。

ただし、「やることはやったのだから、結果が出なくても評価してほしい」と考えるのは間違っています。なぜなら、本来、「やることはやった＝正しいプロセスを踏んだ」のなら、結果が出ていなければおかしいからです。

結果につながらなかったなら、プロセスのどこかに問題があったと考えるのが自然であり、プロセスそのものが正しくなかったのであるなら、いかに努力をしたにせよ、決して評価されるべきではありません。

会社は何のためにあるのか――。

単純にいえば、利益を上げるためです。社会的な貢献をするためだとする向きもありますが、そもそも利益を上げなければ社会への貢献などできないでしょう。

そして、利益を上げるために、ひいては社会に貢献するためには、とにかく成果を出さなければならないのです。ですから、会社は成果主義であって当たり前なのです。成果を出すために試行錯誤し、努力して、結果につながるいいプロセスを導き出すのが仕事というものです。

たとえば、地面に穴を掘るために、つるはしを持った一〇人の作業員を集めてくるか、一人に一台の電動ハンマードリルを用意するか、もしくはショベルカーを調達してくるかによって作業効率もかかる日数も違ってきます。

つるはしを何人に持たせようが、ショベルカー一台用意したほうが成果を上げられるのは目に見えています。だから成果を出せる人というのは、つるはしを電動ハンマードリルにできないか、よしんばショベルカーを調達できないか、あるいはもっと他によい工具や方法はないかと考え工夫するのです。これこそが「プロセス」というものではないでしょうか。

ただ一生懸命インプットしているだけの人。

頭を使ってアウトプットしている人。

正しいのはどちらでしょうか。

考えるまでもありません。

仕事はアウトプットがなければ何も始まりません。したがって、「成果は出せなかったけれど遅くまで残業してよく頑張った」といった評価基準が入り込む余地をつくってしまうのは間違っています。

ただ一方で、一〇〇個売ったら一〇〇の給料がもらえるけれど、一個も売らなければゼロになる、といった極端な方向へいってしまうのも、正しくありません。

ゼロか一〇〇かという話ではなく、大事なことは、「一定レベル以上に成果を上げた人が正当に評価されるシステムがある」ということです。そこがブレてはいけないのです。

もし、社員として十分な成果を上げて会社に貢献しても、それに対して相応の評価をしてもらえないのであれば、それは「会社を辞めなさい」といわれているのと同じです。正しく評価されない会社に勤め続ける必要はありません。

仕事とは結果がすべてであり、その結果を出すためには正しいプロセスが絶対に必要なのです。プロセスが正しければ結果を出せるし、結果が出たのならそのプロセスは正しかったということになります。

休日返上で仕事をしてへとへとになって「一生懸命仕事をした」と満足するのが仕事ができない社員で、頭を使って工夫をしたすえに結果を出して初めて達成感を得るのが仕事ができる社員なのです。

あえて逆境に身を置ける人

上司を頼りにするな、会社をアテにするな

「人間力」とは、どのようなものでしょうか。

「人間力戦略研究会」の報告書「人間力の定義」の中には、「『社会を構成し運営するとともに、自立した一人の人間として力強く生きていくための総合的な力』と定義したい」とあります。

要するに、人が持つ総合的な力が人間力であるというわけなのですが、私が考えるところの「人間力」とは、本来人間としてあるべき力であり、もっと高尚でレベルの高い何かであるように思うのです。

たとえば、尊敬できる上司を見て、「自分自身もこうありたい」「あの人のような人間力を持ちたい」と、どこか憧れの気持ちで相手を見るようなとき、そこに映っているものが「人間力」なのではないでしょうか。

具体的にいえば、たとえば次のような部分から人間力が垣間見えると思います。

・経験に裏打ちされた自信がある。
・大きなキャパ・能力を持っている。
・逆風を乗り越えつつも、常に穏やかな心を保ち、それが表情に表われている。
・一定レベル以上の理論と配慮を兼ね備えた説得力がある。
・包容力がある。
・自分を利する動きをしない。まったく私心がない。

このように並べてみると、人間力とは、まさに、リーダーシップに通じるものでもあるようです。「経験」「能力」「性格」「考え方」といったものを掛け合わせて出来上がるもののような気がします。

そう考えると、人間力とは、直接磨けるものではないわけです。毎日、会社という「道場」で問題解決に取り組み、苦しんでいるうちに、その人の内部に自ずと育っていくものではないでしょうか。ですから人間力とは、必然的にその人の仕事の能力と比例するものであるはずです。

もっとも人間は器用なもので、能力にしても、性格にしても、その欠陥を周りにわからないように取り繕うことができます。

ただそれは一時的にしかごまかしの利かない場合のほうが多く、たとえば、採用試験のときには好印象で仕事もできそうに見えたのに、一カ月も一緒に働いてみると期待したほどではなかったと気づくのは、よくあることです。

「いい人」というキャラクターも、実は仕事ができないことをカバーするための「対症療法」であるケースが少なくありません。


では、人が成長し、能力を伸ばすのはどのようなときなのでしょうか？

二〇〇五年六月一二日、アップル社創立者のスティーブ・ジョブズ氏がスタンフォード大学の卒業式で行なった祝賀スピーチは大変有名です。ＹｏｕＴｕｂｅなどの動画サイトで検索すれば、日本語訳付きの動画を見ることができるので詳しい内容についてはここでは割愛しますが、この演説の中で、彼が「愛と喪失」について語った部分があります。

ジョブズは会社創立後一〇年かけて従業員四〇〇〇人以上、売上高二〇億ドルの企業に成長させますが、マッキントッシュを発表した一年後、諸々の事情で社を追い出されてしまいました。彼は打ちのめされ、進むべき道を失い、一時はシリコンバレーから逃げ出すことも考えたそうです。しかし、自分がまだ仕事が好きであることに気づき、もう一度やり直すことに決めました。

その後、ネクスト、ピクサーといった会社を立ち上げて大きな成功を収め、人生をともにする女性にも出会います。後にネクストはアップル社に買収され、ジョブズは古巣に戻ることになりました。ネクストで培われた技術は、アップル社を再起させる中心的な役割を果たしたとジョブズは語っています。

そして、この演説の中で、彼はこういいました。

「そのときはわかりませんでしたが、後になって、アップル社をクビになったことは人生最良の出来事であったと気づきました」

これは、逆境を乗り越え、自分を成長させた人だからこそ出てくる言葉ではないかと思うのです。

人間は、逆境にあるときに育つものです。

だから一流の人は、自分を逆境に置こうとするし、その結果伸びていくのです。

逆境を自分の力で乗り越えようとするとき、人は大きく成長します。

一方、私たちの周りを見渡してみると、うまくいかないことを「周りのせい」にする人が多いのではないでしょうか。仕事がうまくいかないのは上司のせい。キャリアアップが図れないのは会社のせい。先行きが不安なのは社会のせい。

そんな風に、問題を「周りのせい」ととらえてしまうと、自分自身の問題とはなり得ず、自分が乗り越える対象ではなくなります。「上司が頼りにならないからうまくいかない」などと考えた瞬間、すでに自分が当事者ではなくなっています。それらはいわば「与件」です。与件とは自分に与えられた条件であって、その条件の中で問題の解決に取り組まねばなりません。

与件そのものを解決しようとするのは、方向性が間違っています。頼りない上司をどうにかしようとするのではなく、上司の頼りなさを前提に、その条件の中で自分の仕事に取り組む姿勢を持ってほしいのです。

千葉県柏市にある名戸ヶ谷病院は、「救急患者の受け入れを拒否しない」という姿勢を、開院以来二五年間、守り続けています。

この病院には法の規定を超える医師の数がそろえられ、医師は必ず各科に一人、病院から車で五分圏内に住むことが決められているそうです。当直医は二人ですが、手が足りない場合はいつでも医師の呼び出しが可能だといいます。

名戸ヶ谷病院を取り巻く環境は、救急患者の受け入れを渋りがちな他の病院とまったく同じです。しかし、「患者を拒否しないためにはどうすればいいか？」という問題に真正面から取り組んだからこそ、それを実現できているのです。

仕事も同じではないでしょうか。

上司が頼りなくても、会社がアテにならなくても、自分にできることは必ずあります。そうして「何とかしよう」と思い、行動を起こしていく人が「成長できる人」であり、ひいては一流の「人間力」を持つ人になれるのです。

運、不運にとらわれない人

「成功には運が必要だが、運だけの成功はない」

「運」といっても、人によって何を「運」と呼ぶかには違いがあります。

たとえば、Aさんという社員が徹底して努力を積み重ねて仕事に取り組んでいたとします。一方、Bさんという社員は、それなりの努力をしてきましたが、まだまだ気づかない点が多くあります。

努力する人は当然、努力が足らない人よりも実力が高くなります。それでも一〇〇パーセント成功するには届かない残り少しの部分を埋めるものを指して、「運」というのです。しかし、努力の足りないBさんのような人の場合、徹底的に努力する人との実力差の部分も含めて、それを「運」と呼びます。つまり、人によって頼る運の大きさが変わってくるわけです。

実力のある人にとって運の関わる部分は非常に小さいものになりますが、小さくても必ずあり、とても大事なものです。そして、小さいけれど重要なその運を引き出すために、努力することは欠かせません。

「人事を尽くして天命を待つ」といいますが、このとき「待つ」のが、〝運に頼る部分〟に当てはまります。

ただし、それは努力できる人の話です。努力している人がいうところの「運」と、努力の足りない人がいう「運」とは、その大きさが違います。運に任せる部分に大きな差があるのです。

Bさんが「運」という部分でも、Aさんにとっては努力でしかないこともあるはずです。そして努力の差の上には、天命の部分が必ずあります。

人事を尽くして天命を待つのが仕事への正しいアプローチです。しかし、運、不運で物事をとらえる人というのは、どちらかというとBさんのパターン——つまり、努力の足らない人、人事を尽くし切れない人のほうが多いでしょう。なぜなら、Bさんの場合、成功するためにはかなりの部分を運に頼らざるを得ないからです。

Aさんのような人は、基本的に運、不運で物事をとらえません。うまくいかないときは、ほんの少し努力が足らなかったために天命に任せた部分だけを反省すればいいからです。天命に任せたけれど、まだ自分でもできることがあったのではないかと振り返れば、自分に足らないことが何か、これから努力すべきことは何かが具体的に見えてきます。たとえ結果が悪くても、結果が目に見える形で出ることで、何を運に頼ろうとしていたかがわかるのです。わかればさらに努力しますから、次の機会には克服して、さらにいい結果を導き出すことにつながっていくのです。

運は確かに存在しますが、運、不運で物事をとらえないほうが、最終的に自分の実力を伸ばしていくことにつながります。結果を左右するのは運より努力であることを決して忘れないことです。

「損な役回り」を買って出る人

敗軍の〝しんがり〟は、実力者にしか務まらない

企業には「トラブルシューター」と呼ばれる人がいます。

日本語に訳せば「紛争の調停人」となるでしょうか。

彼らは、どこかの部門がトラブルを起こすと、解決のために乗り出していくわけです。ある意味、とても格好いい立場で、たとえば子会社の一つで売り上げが伸びないとか、とうとう赤字に転落したとか、ときには不正が発覚したとなったときに、トラブルシューターが現場に送り込まれていきます。

つまり、トラブルシューターとは、トラブル解決を任せられるくらい実力があり、信用がある人なのです。

しかし、彼らにしてみれば、送り込まれる先はチームワークは壊れ、心のすさんだ従業員の溢れた問題だらけの場所なのですから、個人的なメリットはありません。それでも意

味があるとしたら、可能性は低いけれども、うまく解決できた暁には「名誉」が手に入るというくらいのことです。もっとも失敗の可能性のほうがはるかに高いわけで、軍隊でいえば、まさに敗走し始めた軍の〝しんがり〟を任されるようなものです。

敗軍の〝しんがり〟を務めるのは、非常に難しいことだと聞いています。実力がなければ敵の攻撃を抑えることはできず、犠牲者、負傷者も当然多くなります。

もし、あなたが部隊長を務める部隊がしんがりを命じられたら、兵力の半分以上が失われることを覚悟しなければならないでしょう。もしかしたらあなた自身も犠牲になるかもしれません。しかし、そうすることで軍全体が助かるというのであれば、誰かがやらなければいけないことです。

しかし、会社にはそういう人が必要なときがままあります。

そして、仕事ができる社員は往々にしてトラブルの場に駆り出されていくものです。

たとえば、二〇一〇年、日本航空再建のため京セラ創業者の稲盛和夫氏が七八歳という年齢でCEOに担ぎ出されました。他に適切な人がいなかったために仕方がないということで、稲盛氏が乗り込んでいかれたのだと思います。

もっと若い人材が日本にいなかったのはさびしいことですが、誰かがやらなければならないことであり、そこに飛び込んでいけるのは、ときには損な役回りでも引き受けられる強い人であるわけです。

これからの若い人たちには、トラブルの解決を依頼されることをむしろ意気に感じるくらいの心の強さを身につけてほしいと思います。それなりに評価される仕事をしているからこそ、「君が頼りだ」といってもらえるのです。

「前向きに考える」ことができるのも、実力があると認められる社員になるための一つの条件です。

前向きに考えられない人はたくさんいます。ときには、自分が失敗すると、

「上司が悪い」

「周りの人間が悪い」

「会社が悪い」

と、責任を他になすりつけるような考え方をする人もいます。そんな後ろ向きの考え方では決して前に進めません。

たとえ損な役回りが回ってきても、前向きにとらえることです。

「誰もやりたがらないが誰かがやらなければいけない」仕事にも進んで手を挙げて取り組むことができたのであれば、あなたも仕事ができる社員の仲間入りを果たした証拠です。

いつか独立したいと考えている人

〝滅私奉公〟から抜け出せる社員、抜け出せない社員

ビジネスマンであれば、「独立」を志すべきです。

特に若い人には、そうあってほしいと願います。

人間が根本的に必要とするものは野性味であり、ハングリー精神です。

ところが、日本の若者は「草食系」などといわれるくらいその野性味やハングリー精神を失っているとよくいわれます。とても由々しきことです。

一方で、仕事術に関する本やビジネス書が売れているということは、自分の仕事力を上げたい、学びたいという意欲は確かにあるのです。

ただし、それは〝滅私奉公〟するために一生懸命になっているわけであって、本当に仕事ができる人になるためには、リーダーとして、人の上に立つために必要なことを学ぶべきです。

人の上に立つ人に必要な資質は何か――。

それは、独立して経営者という立場になったとき求められる能力は何か、ということと同意です。ですから、リーダーになるために必要なことを学ぶためにも、常に「独立する」という目標を掲げて、自分を大きく育てる原動力にしてほしいと思います。

私は常々、まずは「いい会社」に入社することが大事だといっています。お金や待遇のことではなく、先に述べたようにロジックがしっかり成り立った会社のことです。

人間は環境に習うものです。いい会社に入ればその仕組みなり社風なりを習得し、自分の基礎をつくることができます。基礎ができれば、仕事への取り組みや、経営のあり方に関して大きくブレることがありません。つまり、不正に走ったり、大きな損失を出しかねない間違いを犯したりすることはなくなります。

かつてライブドアが証券取引法違反を起こして騒ぎとなりましたが、まさにあれは「基礎」を疎かにした結果でした。

対照的といえるのは、楽天の三木谷浩史氏でしょう。競争の激しいインターネット業界で生き延びてきたのも、三木谷氏がかつての勤め先である日本興業銀行で、それなりの基礎をたたき込まれたからです。だから、ブレることがありませんでした。

以前、株式会社楽天のたしか創業五周年パーティーに出席させていただいたときのことです。当時社長だった三木谷氏は、挨拶の壇上に上がった途端、感極まって涙をこぼし始め言葉になりません。すると、副社長が出てきて、そつなく挨拶をして終わりました。最後にようやく落ち着いた三木谷氏は、

「これで私が会社の中で何をしているのか、わかっていただけたと思います」

と話し、参加している人たちの笑いを誘いました。

当時、彼は大器ではありながらも、そのくらい未完成であったのです。

しかし、今の日本の社会にとって、彼のような存在が非常に重要なのです。未完成でもハングリーな若者が、未完成なりにそれでも頑張って頑張って、やがて大きく育っていき、社会を大きく変えていくという流れが次々に生まれることが、何よりも今求められています。変化のない、あるいは変化の少ない社会は徐々に衰退していくからです。

できれば四〇代、せいぜいでも五〇代くらいの人が頂点に立てる社会に日本は変わって

いかなければなりません。派閥闘争に明け暮れているような老舗の会社を、若手が起こした新興企業の勢いが食ってしまうようなことも、世界的に見れば当たり前に起こっています。そういった流れが日本に起こっていないことこそ問題です。

若い人は自ら積極的に飛び出していってください。

新入社員だからといって遠慮することはありません。「いずれ自分は独立するんだ」という意識を常に持つのです。若い人の意識が変われば、日本という国そのものがもっとイノベーティブに変わっていきます。

最近の若い人は元気がない、などとぼやく年配の方もいますが、若い人の中にもできる人は山ほどいます。もし今、明治維新ならぬ平成維新が起き体制が大きく変わったら、二〇代、三〇代の中に大活躍する人材が必ず出てきます。では、なぜ彼らが今の世の中で埋もれてしまっているかというと、若い人が活躍できる場を与えない社会になってしまっているからなのです。

バカになれる人

今の一〇倍給料を稼ぐための絶対条件

前項に続きますが、若い人たちが活躍できない日本社会を変化させるための出発点は、いったいどこにあるのでしょうか。

確かなことは、若い人たち自身が、活躍できる場所を与えられるのを待っているうちは、世の中はいつまで経っても何も変わらないということです。

若い人たちが自ら変えていかなければなりません。

要は、野性味でありハングリー精神を持つべきです。

先にも紹介した、スタンフォード大学でスティーブ・ジョブズが行なった演説で、これから社会へ出て行く若者たちへジョブズが最後に贈ったのは、

「Stay hungry, Stay foolish.」

という言葉でした。

「ハングリーであれ、そしてバカであれ」

というわけです。

私なりに解釈していえば、ハングリーであれ——とは、今の状況に満足したりせず、「自分は今の一〇倍給料をもらえるような仕事ができるはずだ」「そのためには何をしなければいけないのか」と人生を前向きにとらえるハングリー精神を持つことの大切さを指しています。そのうえ、利口になるな、バカになれ——ジョブズはアメリカ有数のスタンフォード大学の優秀な学生にそういっているのです。

要するに、「無知無能であれ」という意味ではなく、考え方としてバカになれ、ということでしょう。

バカになって思い切ったことをやる。

やると決めたらとにかくやり切る。

最初から格好いいことなどできっこないのだからバカになった気でやればいい、また、周りからもそういわれていいといっているのです。

私の経験からいうと、独立して会社を自分で興した人は、雇われて働くなど二度としません。

なぜなら、自分で会社を動かすほうが、やりがいがあるからです。

そのほうが面白いからです。

一度それを経験した人は、どんな苦労をしてもいいから経営者であろうとします。

独立を目標としてください。

「いずれ独立しよう」と志したときから、今の仕事の仕方が変わります。

会社から学ぶこと、仕事から学ぶことが絶対的に増してきます。

独立するなら、アシスタントが一人か二人は必要になるかもしれません。彼らを会社として正しい方向へ引っ張っていかねばなりませんし、彼らに対する公正な業績評価や報酬の支払いも必要になります。

つまり、リーダーとしてのスキル、会計のスキル、評価のスキルなど、今勤めている会社から学ぶべきことが山のようにあることに気づくのです。リーダーとして優秀になるために何ができるか、より具体的に、より一生懸命に考えていかなければなりません。だから、育つのです。

身につけて役立つものとは、その会社の中でだけ役立つものではなく、もっと普遍的なものです。たとえば、滅私奉公とは、会社が「Aすることが正しい」といった通り、素直にAができる人は評価が高く周りからも認められますが、それはその会社でしか通用しません。

本当に身につけるべきは普遍的な能力です。

具体的にいうと、たとえば英語はその筆頭でしょう。世界に存在する約七〇億人の人間のうち、日本人は二パーセント弱しかいません。世界的に見れば、日本語は方言のようなものです。貴重な文化であることは間違いなくとも、一部の人の間でしか意思疎通できない言語です。

さらに現実を客観的に見ていけば、今は一流と呼ばれる企業であっても、いつ立ちゆかなくなるかわからない時代になっています。一生を通じて業績の安定した会社など、今ではあり得ないと考えたほうがいいくらいです。

いざ転職となったとき、技能として特筆できるものを持つ人がどれほどいるでしょう。たとえば、百貨店担当の営業マンなら、今後先細りが必死の百貨店と商売できること以外に、何かできることを持っているでしょうか。実際に、転職に際し採用試験では面接官からそう問われます。滅私奉公だけを懸命にやってきた人は、そこで「何か」を提示することは難しいのです。

ある有名出版社で副編集長を務めていた人が、会社を離れて再就職しようとしたとき、厳しい現実にぶち当たりました。仕事の紹介を受けるにあたり、四〇代、五〇代で受けられるオファーのうち、七〇パーセントは英語ができることが条件だといわれたそうです。

では、応募者の中で英語ができる人がどれだけいるかというと、おそらく一〇パーセントもいないでしょう。

つまり、仕事の七割が一〇パーセントの人間にオファーされる反面、残り三割の仕事を九〇パーセントの人で取り合う形になるのです。どちらの競争の倍率が高いか、考えるまでもありません。

だからといって、四〇代、五〇代になってからビジネスで通用するレベルの英語を習得しようとするのは、現実的ではないでしょう。何年もかかります。

多くの人が、必要に迫られて初めて自分がいかに滅私奉公だけでやってきたかに気づきます。しかし、気づいたときにはどうしようもないという状態です。

一方、独立という目標を持てる人は、普遍的な能力を身につけることの重要性に気づくことができます。ですから、ぜひ独立を志してほしいのです。

特に若い人には頑張ってほしいと思います。

そして独立が叶ったら、本当の意味で自分の能力を試すことができます。

たとえ実際に独立しなくても、そう努力しているうちに、今働いている会社から認められ、それなりの報酬と地位を得るようになるかもしれません。それで本人も幸せなら、会社にとっても幸せなことですし、仕事ができる社員として育ってくれたことに大いに会社は喜んでくれているはずです。

世の中の基本には、競争がなければいけません。

溜まった水はやがてよどみ腐るように、世の中も流れがなければよどみます。親の基盤を継いだ政治家や、二代目、三代目社長の多くを見れば明らかです。彼らが競争して勝ち残ったうえであらためてトップに立ったのならいいのです。しかし、そうでないところに、日本が抱えるよどみの原因があります。

この世の中がいい意味で変わっていくためにも、「ハングリー」で「フーリッシュ」な若い人たちが育ってきてくれることが必要だと思っています。

2章 こんな「習慣」がある人

Why Some People Succeed at Work and Others Fail

楽観的な人、悲観的な人

「イメージ」一つで仕事はここまで変わる

「いいイメージ」を持つことは、とても重要なことです。

「いいイメージ」を持つ習慣は、自分の実力を押し上げることへとつながっています。

人は多かれ少なかれ自信を持っていますが、自信があるだけでは結果につながりません。「努力」に裏打ちされた自信によって、自分の中に「いいイメージ」をつくっていき、その「いいイメージ」を原動力にしてさらに努力を重ねた結果、より大きな「自信」となっていくのです。このサイクルが常にあります。

では、「努力」とは何でしょうか。簡単にいうなら、練習や訓練、経験を積むことであり、会社に当てはめれば、究極的に売り上げを増やすために力を尽くして励むことです。つまり、あらゆる仕事がそこに含まれます。そういった努力を徹底してやっていくことで、いいイメージと自信の相乗効果をつくり出して、その人の実力レベルを押し上げていきます。ときには、実力以上のものを発揮できるようにもなります。

私はゴルフをしますが、時々調子がいいと、「いつからそんなにうまくなったの？」と同行者に不思議がられるくらいうまくいくことがあります。それを自分の実力というにはおこがましく、つまり「実力以上のものを発揮できる」とはそういう状況であるわけです。

逆に、自分の抱くイメージが悪ければ、実力レベルは間違いなく下がります。私がよく行くゴルフ場に、よほど下手をするか、そこを狙って打ちでもしないと落ちるわけがない池のあるホールがあるのですが、不思議なことに、私はそこで何度ボールを落としたかわかりません。私自身が「このホールとは相性が悪い」と無意識にイメージしてしまうから、狙っても入らないような池に入れてしまうのです。まさに人の持つイメージが現実に強く影響することの実証例ではないかと思います。

実力を上げるためには「自信」と「いいイメージ」という二つの要素がとても重要です。水泳・平泳ぎの北島康介選手は、自分が勝った試合のビデオを何度も見るそうです。これは「いいイメージ」を自分の中につくって自信を持つためであり、極限まで力を引き出す必要のあるスポーツにおいては、自信とイメージの効果が如実に表われます。実力があるということは、実力を十分に発揮できるということでもあるのです。

会社も同じで「勝ちゾーン」に入っていると、何でもうまくいきます。勝ちパターンができてくる、ともいえるでしょう。会社自体が順調に伸びているのを感じられると、社員の自信につながるのです。

勢いのある会社は、そこに勤める人や関係する会社などを巻き込んでいきます。「あの会社は勢いがある」と取引先にも一目置かれて頼りにされたり、無理な注文にも頑張って応えようとしてくれたりするものです。

逆に不思議なもので、いったん負けてしまうと、悪いイメージが社員に影響したり、周りが積極的に関わってくれなくなったりして、一度の失敗が原因で坂道を転がり落ちるように勢いがなくなってしまうこともあります。

また、いいイメージを持つことは、リーダーの資質としても絶対的に必要な要素です。暗い影を背負ったリーダーについていく部下はいません。後ろ向きで、ネガティブ思考で、最悪のイメージしか思い描けない人に「会社をつくるからついてきてほしい」と請われても、躊躇してしまうはずです。

だから楽観的なのがよい、というのも少し違います。心の持ち方として楽観的であることは、自分らしさや常識的な考え方を保つためには必要です。しかし、その前に最大限の努力をしたうえで、最後の最後に「ここまでやったのだから何とかなるだろう」と楽観的に構えることが前提です。

常に楽観的ではいけません。「先々悪い方向へ行きそうだ」と予想されることは徹底的に洗い出し、事前に手を打っておきます。そうして万事を尽くして天命を待つだけの段階になったら、うまくいくことを信じて待つ以外にないでしょう。

つまり、仕事ができる社員は、悲観的に準備して、楽観的に考えます。

どちらも基本には「いいイメージ」があり、結果をそのイメージに近づけるための努力をするわけです。

最悪のイメージから逃れるための対策を考えるのではなく、最良のイメージに近づけるための工夫を考える――。この思考の方向性を身につけると、仕事ができる人へと一歩近づけます。

「ムダな体力」を使わない人

「ここぞ」の場面で力が出せるか、出せないか

ここぞという場面で実力が出せるかどうかは、結局のところ平素からどのような働き方をしているかに帰結します。

確実にいえることは、いつも「体力勝負」の仕事をしていて、平素から疲労困憊していては、実力は発揮できません。ですから、仕事ができる社員は、普段は頭を使って仕事をし、体力を温存できるように最大限の工夫をします。

体力を消耗すれば、頭も鈍ってきます。くたびれはてて今にも寝てしまいそうなときに、頭をフル回転させ、筋道立てて物事を考えることなどできません。

明晰な頭脳を維持し続けるためには、まず「体力」が十分であることが必要不可欠なのです。体力があるから、やる気や気力、意力を保つことができるし、それらの条件がそろってようやく能力を存分に発揮することができます。

仕事を通して私たちが対価をもらうとき、その評価に値するのは、能力の部分です。そのため、能力が低い人は、体力と気力を使って乗り切ろうとします。これは1章でも述べましたが、たとえば地面に穴を掘るのに、電動ハンマードリルやショベルカーを使わず、つまり頭を使わず、とにかく体力を使って、つるはしをただ振り回すだけのような仕事の仕方——いうなれば、「つるはし仕事術」です。

体力をすり減らしながら仕事をすることを常にしてしまうと、対外的には「頑張って仕事をしています！」という格好はつけられます。上司の中にもこれまで「体力勝負」の仕事を長年やってきた人は少なからずいますから、自分と同じようにせっせとつるはしを振り回している部下は、やはりかわいいのです。

そんな上司は、日をまたいで残業をしたり、休日返上で会社に出てきて仕事をしたりと、必死でやっている部下を見ると、「よくやってるな」「頑張っているな」などとほめてしまうので、部下自身もよくやっている気、頑張っている気になります。

しかし、そういった「つるはし仕事術」をよしとする考え方が会社の中に巣くってしまうと、仕事の成果は阻害されます。大半の企業はこの悪いサイクルにはまってしまっているようです。

その証拠に、通勤中、帰宅中の電車に揺られるサラリーマンの大半はうとうと眠っています。体力不十分なのですから眠いのも当然。新幹線の中でも飛行機の中でも寝ています。一方、海外でもエグゼクティブといわれるビジネスマンは、移動中の時間を活用して一生懸命仕事をします。

乗り物に乗るとすぐに寝るのは、日本人くらいです。それは特技でも、治安がいいからというわけでもなく、単にくたびれているに過ぎません。体力を使う仕事の仕方しか知らないからです。また、頭を使わない仕事でもよしとする社会だから、「つるはし仕事術」に歯止めをかけるどころか、かえって助長してしまいます。

「ここぞ」という場面で実力を出すためには、常に頭を使って仕事をしなければなりません。体力と気力ではなく、能力を発揮して働くのです。

温存された体力はいざというとき発揮されます。緊急事態が真夜中に起こっても、休日に起こっても対処できる馬力が残っています。そこで馬力が利かない人は、仕事ができない人です。目に見えて仕事ができないわけではなく、仕事のテクニックは鍛えているのである程度の能力があることは間違いないのですが、毎日の仕事でくたびれはてているため、本当に馬力が必要になったときにはもう使える体力が残っていないのです。

しかし、頭を使って仕事をする人は社内で嫌われがちです。たとえば、体力を消耗しないために、基本的には定時になったらさっさと帰るからです。就業時間内にきちんと仕事を終えていても、滅私奉公型を好む日本社会ではあまり歓迎されないタイプといえます。

とはいえ、日本のビジネスマンの中にも、滅私奉公型から脱したいと考えている人は増えているようです。

日本経済新聞に掲載された日経就職ガイドの特集によると、二〇一一年新卒採用の就職活動中である学生を対象にアンケートを取ったところ、「重視する就職観は『生活と仕事を両立』が最多」であるという結果が出たそうです。特に女子学生の七七・四パーセントが重要項目としてこれを挙げています。

ワーク・ライフ・バランスへの関心が高くなる一方で、それが日本社会で実現されないのは、入社してしまうと会社に求められるまま滅私奉公せざるを得ない環境が、すでに出来上がってしまっているからでしょう。「上司が会社に残っているうちは、部下は帰れない」という暗黙の了解がある会社も、いまだ珍しくはありません。

聞くところによると、社員が周りの目を気にするとき、特に注意するのは課長や部長という立場の人より、二、三年上の先輩なのだといいます。「もし、あの人がいつか上司になったら……」という危機感がそうさせるのだそうです。気に入られておかないと、いざというとき自分の居心地が悪くなるというわけですが、先輩は何人、何十人もいるのですから、それでは気の休まる暇もないでしょう。難しい社会といえます。


とにかく、「いい仕事」をしたいのなら、体力を維持することが非常に重要です。体を鍛えるために運動をしたり、健康維持のために早めに就寝し、十分な睡眠を取ったりすることを、常に意識してください。

よく運動をして、よく眠る——。

シンプルですが、海外はエリートほど健康維持、体力維持に熱心に取り組みます。日本のビジネスマンにそういう意識のある人がどれほどいるでしょうか。

そういう意味では、いざというときに力が発揮できない人は「エリートらしい働き方」

が身についていないわけです。

体力勝負で乗り切ろうとするのは、軍隊でいえば一番格下の二等兵の働き方です。それが「間違っている」「このままではいけない」という感覚を自分の中に養っていけば、滅私奉公の働き方から脱却し、仕事ができる社員に近づいている自分に気づく日もそう遠くないはずです。

「始動」するのが早い人

「仕事がはかどる環境」は自分でつくる

仕事ができる社員を目指すのであれば、人間として生きるリズムそのものを、「早寝早起き」に変えてください。

これは無条件にやるべきことです。

早寝早起きの善し悪しをいっているような人は、仕事ができない人です。

もちろん、業界や職種によっては例外もありますが、基本は早寝早起きでなければならないのです。

「早起きは三文の得」という諺がありますが、それ以上のものがあります。頭の回転がよくなり、仕事が効率的にこなせるのです。このことは間違いありません。私の長年の体験からも断言できます。

わが家でお世話になっている植木屋さんは、「朝日に当たらない木は花を咲かせない」

といっていました。朝という時間帯、朝の陽のひかりや澄んだ空気は、生きるものにとって必要不可欠なものなのでしょう。科学的な根拠など知らなくても「早寝早起き」を実践すればそれが肌でわかります。

一日を早く始動し、朝の時間を活用して仕事をするのが有能なビジネスマンです。

朝こそ勝負のときだと無条件に頭にたたき込んでほしいと思います。

私は、一九八六年に香港での勤めを終えて日本に戻り、トリンプ・インターナショナル・ジャパンに転属してから一〇年間、毎朝七時半に出社しました。会社の始業は百貨店に合わせて九時半となっていましたので、私は毎日始業の二時間前に出社していたのです。そして、毎朝八時半から早朝会議を開催していました。

私は生来、早起きであったわけではありません。実は高校時代など、遅刻ばかりしていました。学校中でおそらく私が一番の遅刻魔だったでしょう。

そんな私でも、本気になれば早寝早起きを実践できたのです。よほどの事情がない限り、誰にでも早起きは可能なのです。

あまり大きな声ではいえませんが、日本に戻ってきた当時の私は、朝の七時半から夜の七時半まで一二時間労働を毎日続けていました。ランチはビルの二階にあるレストラン街でおそばを一〇分くらいで食べて、そのままオフィスに戻って仕事を再開します。そうしてみっちり一二時間働きました。

なぜならば、会社が崖っぷちだったからです。当初は一〇年間にわたり売り上げが伸びず、赤字が続いているという状況で、オフィス入口のレセプションの床はめくれ上がり、椅子には穴があき、何年も改装されていない社屋は薄汚れていました。その当時必要とされたポラロイドカメラなど電化製品一つ買うにも、何カ月も苦慮するような状態でした。

私が転属してきた八六年は最低の売り上げを記録しました。

しかし、翌年から毎年一〇パーセントを超えて売り上げが伸び始めました。

なぜ、売り上げが伸び始めたのか——。

理由は簡単です。

やるべきことをやっただけです。

それまでは単純にやるべきことがなされていなかったのです。「これをやらなければ」という意見があがっても、結局は不可能とあきらめてしまって、実際には誰も何もしません。そのくせ社員は、あれがいけない、これがいけないとか、給料が安いなどと不満をいっていたのです。それらの問題が一つひとつ克服されていくと、会社は自然と軌道に乗り始めました。

そのうち、「ノー残業デー」が世間で流行り始めたので、それを真似てトリンプでもまずは金曜日に導入してみたのです。私の性格上、一度決めたことは徹底しなければ気が済まないので、金曜日は夕方六時になったら社員を強制的に追い出すことを徹底的に実践しました。その結果うまくいき、金曜日ができるならば、と水曜日にも導入し、さらに週二日できるなら週五日でもできるだろう、ということで、最終的には「残業ゼロ」とすることができました。

また、社員には仕事を自宅に持って帰らせませんでした。「家で仕事をするような社員は早く会社を辞めなさい。効率的に仕事ができていない証拠だからだ。それが本人のためでも、会社のためでもある」と常々社員にいって聞かせたものです。

もっとも、会社のトップともなれば、そうはいきません。

会社は基本的にトップが働かなければ動かないのです。

社員には「残業するな」「仕事を持ち帰るな」といっておきながら、私自身は土曜日も日曜日も自宅で仕事をしていました。ですから、月曜日の朝から社員に対して一斉に仕事を割り振ることができたのです。そうすることがトップの仕事の仕方なのです。

仕事が多くてとても時間内に終わりそうもないからといって残業するのは、仕事ができない人です。まだ誰も来ていないオフィスで早朝から仕事をして、残業せずに定時で帰る——これがベストな仕事の仕方です。

早朝の仕事がはかどる理由は、次の三つが挙げられます。

・早朝の集中力（頭の回転）。
・静かな環境
・始業時間までに終わらせる、という締め切り効果。

朝早くから仕事を始めると、頭の回転がいい状態で、雑音にわずらわされず集中できるうえ、始業時間というデッドラインを自然に意識しながら仕事ができるのです。

ですから、ダラダラした仕事には絶対になりません。

その日の仕事は必ず、定時に終えることができます。

「仕事がうまくいく条件」が整った環境をつくり、そこに自分の身を置くことができる人は、仕事ができる人です。頭を使って仕事ができるビジネスマンです。

また、仕事を前倒ししてこなしていくと、時間に余裕ができます。スタートダッシュが早いので、余裕を持って仕事を片づけていくことができます。仕事を徹底して片づける態勢が取れるのです。

逆に、仕事に追われているときにも出社が遅い人は、仕事が後手後手に回り、時間に追い立てられることになります。だから、定時に終わらず残業をしなければならないし、その結果、就寝時間も遅くなって睡眠不足になります。

翌日も頭がスッキリしないのでますます仕事の効率が下がり、さらに追い立てられていくのです。まさに悪循環で、どんどん悪い方向へ、悪い方向へと転がっていきます。

ちなみに、脳の動きは夕方に向けてだんだんと鈍くなっていきます。そういう意味でも、できるだけ早く始動したほうがいいのです。私も、一二時間労働が平気でやれたときはまだ若かったのです。後々、会社が安定して軌道に乗り始め、定時で仕事を終えるようになりましたが、年を取るほどに夕方四時くらいになると頭が回らなくなってくるのがわかりました。

いい仕事をするために、結果を出すために「仕事がはかどる環境を自分でつくり出す方法」を知っておくことは、仕事ができる社員になるために必要なことなのです。

本をよく読む人
「人の上に立つ」ための勉強法

「判断力」
「常識力」
「分析力」

この三つは、アメリカ軍において「上司として、リーダーとして必要なもの」とされているものです。そして、一流のビジネスマンを目指す人が必ず身につけなければならない能力です。

特別な何かが必要なわけではないのです。

まずは、物事を徹底して分析し、そのうえで常識を持って正しく判断することができれば、物事はうまくいきます。

「判断する」といっても、「徹底的な分析」と「確かな常識」というすべてのデータがそろっていれば、決して難しいことではありません。判断力とは、分析力や常識力を引き出し、そこに力を加えるためのものです。

分析力、常識力、判断力の三つの力を磨くためにはどうすればいいのでしょうか。

暇をみては、いい本を読むことが何より重要だと私は考えています。

いい本を読むことで「常識力」が養われていくからです。

そして、本を読むときは、そこに書かれた内容を単に知識とするのではなく、咀嚼《そしゃく》して自分のものにできるのが仕事ができる社員です。

今となっては、私がトリンプ時代に導入した「ノー残業デー」や「がんばるタイム」が私の代名詞のようにいわれるようになりましたが、いずれも始まりはよそ様から借りてきたものでした。私が発案したのではありません。

ただし、徹底的にやりました。徹底的にパクる――略して「TTP」と呼んでいますが、徹底的にやるための努力をしたのです。

たとえば、「ノー残業デー」を導入すると決めたら、残業した社員の在籍する部署には全員で反省会を開いてもらい、徹底した再発防止策を検討させ、その部内のマニュアルを変更させるまでのことをしました。さらには、定時になったら自らオフィスを歩いて社員を追い出し、電気のスイッチを片っ端から消していくなどもしました。

パクることができるのは「アイデア」のみです。パクったものを自分のものにするには、そのアイデアを自分の組織に合致するようにつくり上げる「プロセス」が重要になります。

発明王エジソンは、「天才とは一パーセントのひらめきと、九九パーセントの汗である」といいましたが、まさにその通りです。TTPでパクったアイデアは単に一パーセントのアイデア、ひらめきをもらうだけであって、その上に九九パーセントの努力を積み重ねることで初めて形となり組織に根づきます。九九パーセントの汗をかいて初めて、物事はうまくいくのです。

徹底的な努力は自分がやらなければなりません。それだけの努力と、努力した経験があってこそ、アイデアは自分の血となり肉となります。

身をもって経験しないとわからないのが人間です。

何事も現場主義であり、それは本を読むときも同じで、ただ読むだけで知識やアイデアを完全に自分のものにできるわけではありません。

登山の経験がある人ならわかると思いますが、目指す頂上が見えるのは最後の最後、頂上付近まで登ったときであり、そこまでの道中で見ることができるのは、一歩先の景色だけです。

読書もそれと同じです。難しい本を読み切ったからといって、自分のレベルよりはるかに高いレベルの内容をすべて理解することはできません。

しかし、自分がすでに経験したことより少し高度なレベルのことなら、本を読んで知識を得るだけで、自分のものにできます。直接の経験がなくとも、読んで身につけた分は自分の成長とすることができるのです。

本を読んで「なるほど」と新しい発見をし、理解したら、瞬時にレベルアップが可能です。著者が何十年もかけてつくり上げてきたことを、あなたはあっという間に自分のものにしてしまうことができるわけです。もちろん、それはあなたがすでにそこに近いところまで自分のレベルを上げてきていたからです。

もし、どんな本を読めばいいのかアドバイスを求められたら、私は「自分の実力より少し上のレベルの面白そうと思える内容が書いてある本を読みなさい」とすすめます。「ロジック」や「考え方」のレベルを上げることができ、今目の前にある仕事の「ガイドライン」として使えるからです。

また、数年後に同じ本を読んでみると、自分がレベルアップした分、さらにレベルの高い発見を同じ本から見つけることができます。ですから、本を読む人の成長は、当然のことながら早くなります。

もっとも読書家の中には、本を読んで覚えただけの知識を、実にもっともらしくいう人が少なからずいます。こういっては何ですが、海外のMBAを卒業して送り込まれてくる人たちには、知識はあるけれど経験のないタイプの人たちがたくさんいます。その自覚がないので、必死になって汗をかいてきた人たちに対して、海外から入手してきたベスト・プラクティスを平気で並び立てるのです。

そこで話されることは一見、もっともらしいのですが、単なるアイデアでしかなく、つまり「一パーセントのひらめき」に過ぎません。

アイデアだけでは何も変えられないのです。言葉や論理を詰め込んでも、頭でっかちなだけでは成功は手に入りません。本当に重要なのは、ひらめきを得た後に汗をかくことであり、九九パーセント分の努力をすることです。

本を読んでただ言葉を理解するだけでなく、それを自分の経験とリンクさせていく努力ができる人が、本当に「本をよく読む人」であり、「本を仕事に生かす人」なのです。

「なぜ、なぜ、なぜ」と考える人

論理的に仕事をするとは、こういうこと

「なぜ」を突き詰めていくと、論理的に考えられるようになります。

また、「なぜ」と質問を発し、物事を分析することによって適切な判断を下すことができます。

仕事ができる社員は、どんな仕事においても「なぜ」という思考のベースを持っています。つまり、ロジックで考えて物事を組み立てるクセがついているのです。

日本人は一般的に、どうも感情で物事を決めようとする側面が強いようです。好き嫌いが先にきてしまいます。たとえば「時計がほしい」と思ったときでも、「デザインが好きだから」という感覚で選んでしまうのです。

もちろん、デザインも選ぶときの一要素であることは間違いありませんが、「好き」とか「かわいい」「格好いい」といった感情的な部分に引っ張られすぎて、それ以外の「な

ぜこの時計でなければならないのか」という理由をないがしろにしがちです。価格、メーカー、機能……検討すべき要素は他にもいくつもあります。感情に引っ張られすぎると、その他諸々のことを見逃してしまうので、買った後で「使い勝手が悪い」「買い物に失敗した」と後悔することも珍しくありません。

仕事でいえば、会社でトラブルが起きたときなどは特に、論理的に考えることとの重要性が浮き彫りになります。

たとえば、部下が何かトラブルを起こしたとします。そのとき、「どうしてそんなことをしたんだ！」「どう責任を取るんだ！」などと、ただ感情的に怒鳴りつけるのが無意味なのはいうまでもないことです。さらに、問題を起こした社員に対して減給やボーナスカットなど罰則を与えたところで、前向きで最善の「根本的な解決」にはなりません。

仮に、トラブルで一億円の赤字が出たとします。赤字を出した社員に六カ月間三〇パーセント給料カットの罰則を与えることをいち早く決定したところで、どうなるでしょうか。社員の給料が二〇万円なら六カ月間でカット分は三六万円になります。かたや一億円の損失です。その三六万円は会社にとって本当に重要なのでしょうか。

反省をうながすため、と見る向きもあるかもしれません。けれど、失敗した当人はたいていの場合、深く深く反省しているものです。もちろん、失敗をごまかそうとして嘘の報告をしたりする社員もいないとはいえませんが、それは会社にとって問題外の話でありカンカンになって怒鳴りつけていいレベルの話です。

逆に、社員自身がどんな失敗をしたのかを明白にし、深く反省して、申し訳ありませんと頭を下げているのであれば、まず着手すべきはその失敗によるトラブルに対処するための「緊急対策」です。要は、トラブルがさらに拡大しないように、「何ができるのか」を徹底的に見つけていくのです。「なぜ、なぜ、なぜ」で論理的に考えていけば、必ず解決策は見えてきます。

緊急対策がうまくいったら、次は「再発防止策」の検討です。なぜミスが起こったのか、なぜトラブルにまで拡大したのか、「なぜ」を突き詰めて、それを繰り返さないために平素からやるべきことを見つけていくのです。

稲盛和夫氏は、「人間とは弱いものである」といっています。人間は性根の弱い生き物であるという「性弱説」という考え方です。人間というのは、床に札束が落ちているのを見つけたら、持っていってしまうくらい「心が弱い」のです。あるいは、一万円札が山ほど机の上に転がっていたら、一枚くらい盗ってもわからないだろうとポケットに入れてしまうものなのです。

では、その一万円札をポケットに入れた人が悪いのでしょうか。違います。もともと人間は「性弱」なのですから、むしろ、一万円札が床に落ちていたり、そこらじゅうに雑然と置いてあったりすることに問題があって、その点を深く反省すべきなのだと稲盛氏はいわれているわけです。

私もまさにその通りだと思います。

失敗した人をつかまえて罰則を与えることよりもっと重要なことは、「緊急対策」と「再発防止策」を徹底的に検討し、つくり上げることではないでしょうか。これもまた、ロジックで「なぜ、なぜ、なぜ」と突き詰めていけば、自然とたどり着く考え方です。

私がこの本で紹介しているロジックは、何十年も会社勤めをする中で、実践を通して磨き上げたものです。仕事の中で「なぜ」という自問を繰り返し、さらには部下に対して「なぜ」と追求し、逆に部下のほうから「なぜ」を突きつけられた結果として、練り上げられたものです。

ですから、私は仕事の仕方においてブレるということはありません。いつの間にか、私の中に一本筋の通ったルールが出来上がっていて、どんなに思考の大風呂敷を広げても、必ずそこに戻ってきます。何かを考えるとき、思考を始める入口は違っても、必ず同じ出口に行き着きます。

あなたも、「なぜ、なぜ、なぜ」と常に繰り返し考えてください。その結果、決してブレることのない、あなたなりの「考え方の軸」をつくることができたら、それは、仕事ができる人になるための大きな糧となるはずです。

整理がうまい人、へたな人

なぜ、できる人の机は一目瞭然なのか？

パソコンのデスクトップにファイルがいっぱい置かれたままになっていると、パソコンの動きが遅くなります。同じように、机の上が整理されていないと、仕事の処理スピードは遅くなるのです。

机の上がごちゃごちゃになっているということは、頭の中もやはりごちゃごちゃな状態であると考えていいでしょう。仕事をすることはできても、効率は必然的に落ちてしまいます。

今日やるべき仕事の一つひとつに締め切りを決めて、「何時何分までにこの仕事を終える」としたとき、机の上にその他の仕事が山積みになっていたら、終えるべき仕事も終えられないでしょう。

目の前には今やるべき仕事だけが置かれていて、残りの仕事は机の中にしまわれているという整理された状態をつくる必要があります。それが本来あるべき姿なのです。

机が散らかっている人は、そもそも仕事を片づける順番が決まっていません。どの仕事をいつまでに終えるのかが曖昧なため、一つの仕事にちょっと手をつけては、他の仕事が気になってそちらに手をつけるというように、あちこちに気が散ってしまいます。たくさんの仕事が一度に目に入ってくるので散漫になるのです。時間的に追い込まれている感覚がずっとつきまとい、当然仕事への集中力も維持できません。

私は、トリンプの社長時代、整理整頓、クリアデスクを徹底しました。

机の上には余計なものを置かないルールになっていたので、毎週水曜日に総務の人間に見回りをさせ、余計なものがあったら問答無用で捨てさせました。

工場では、壁や機械にテープを使って何か貼るのも禁止し、貼ってあるのを見つけたらその場ではぎ取って捨てました。テープをはずした跡がついた机は廃棄します。とにかく徹底しました。

物流の工場では、ベルトコンベアから移動させた商品を積み上げて置いておくためのパレットの数を、どんどん減らしていきました。数十億円も投資した物流でしたので、すべてのカートンがベルトコンベアに載っていなければ効率が上がらないと考えたからです。

結果的に、繊維業界においてそれまで類を見なかった物流の自動化を実現し、多いところでは販売高の約七パーセントはかかる物流費を、三パーセント台にまで抑えることに成功しました。三、四年もすれば、投資した数十億の元が取れる数字です。

さらにこのシステム改革がいい効果をもたらしたのは、他社から工場を見学に来られる方たちが増えたことです。工場で働く社員たちは、お客さんが感激して帰っていく姿を見て、自分の会社や仕事に自信を持てるようになったのです。愛着も湧いたでしょう。その気持ちがモラルの向上につながり、やる気につながりました。やると決めたら徹底することが、いい方向へとつながるいい見本といえるでしょう。

とにかく、机の上を見るだけで、仕事ができる社員かそうでないかわかります。

机の上が整理されている人は、一つのことに集中できる人です。心に余裕があり、精神的に追い込まれることがほとんどありません。何事があっても、順番に一つずつ片づけていけばいいと知っているからです。頭の中がきちんと整理できているので、心も安定しています。必然、集中力も高まりますから、仕事も問題なくこなせます。

机の上が整理されているという単にそれだけのことで、すべてがいい方向へ進むのです。ですから、机は常に整理整頓しておいてください。

自分の机が散らかっているという人は、ちょっと冷静になって考えてみるといいと思います。その机は、整理されていない自分の頭の中をさらけ出しているようなものです。上司にも部下にもすべて見られています。そう気づけば、恥ずかしくてそのままにしておけないのではないかと私は思うのです。

3章 この「能力」を持っている人

Why Some People Succeed at Work and Others Fail

走りながら考える人

「六割正しいと思ったら実行に移せ」

仕事というのは、計画段階で六割くらい「正しい」と判断できたら、実行段階に移り、あとは「走りながら」考えて、決めていけばいいのです。

「走りながら」とは、実行の現場で判断するということであり、それによってブレることなく、たやすく判断を重ねていくことができます。

にもかかわらず、現状はそううまくいきません。実際、企業において上司という立場にいる人間のほとんどは、実行の現場から離れてしまいます。そして、現場の人間は、その上司に現場の状況をわかりやすく説明すべく、パワーポイントみたいなものを駆使した資料をつくらなければならなくなったりするのです。これでは時間ばかりかかって仕方がありません。

余計な手間を省くためには、上司が現場の近くにいて、現場の人間が「六割くらいの確率で大丈夫だ」と考えたことに関しては、すぐ先に進められるような体制をつくっておくことが非常に重要です。

計画段階だけでなく、実行段階へ進んだ場合にも、その時々に応じて判断を迫られます。何の問題もなく、停滞もせず、スムーズに事が運べばベストですが、現実にはそんなことはあり得ません。

では、どのように推移していくかというと、進んでは、問題が起きて停滞し、それが解決して次に進めるようになるまで後退するという「出戻り」が必ず起こります。今までやってきたことが無意味になったり、遅れの挽回に時間がかかって当初の目標より完成予定時期が大幅にずれたりする事態も起こり得ます。

こうして、後退しては、その分を取り戻しつつ前進するという行きつ戻りつを、最終地点である「完成」に到達するまで何度も繰り返すことになるのです。

このとき、起こった問題が些細なことですぐに解決できるものなら、時間やコスト、努力のロスが少なくて済みます。大幅に何かを変更する必要性が出てきたり、解決に時間がかかったりしなければ、すぐに遅れを取り戻せます。つまり、出戻りが些細なもので済めば、それだけ予定から大きくずれ込むことがなくなるのです。

では、どうすれば出戻りを小さくすることができるのでしょうか。

できる上司は、現場に「責任」と「権限」を持たせます。

どんなに綿密な計画を立てようと、実行に移せば「誤差」が生じることは避けられません。その誤差を修正するにも上司の許可をいちいち取っていると、余計な手間がかかります。せっかく早い段階で誤差に気づいても、即座に対応できないのです。結局、上司の許可を待って手をこまねいている間に、出戻り工数は増えていきます。

一方、現場に「責任」と「権限」が任されていれば、誤差が生じてもその場の判断ですぐに修正できます。一度の出戻りで生じるロスが少なくて済むため、結果的に完成まで到達するのが早まるのです。

ところが、ほとんどのリーダー的立場にある人は、現場に権限と責任を渡しません。現場で働く人間は、目の前の状況を自分で調節できる責任を持たされていないのです。計画段階でもリーダーの判断に時間がかかるうえ、さらに実行段階でも判断が先送りになって後手後手に回ってしまうため、仕事にも会社にもスピードがなくなってしまいます。

素早く判断がなされることの必要性を知り、そのために権限と責任を現場に委譲できるのが真のリーダーの本来あるべき姿です。今の若いビジネスマンたちには、そういうリーダーになることを目指してほしいと思います。

初志を貫徹できる人

「成功するまでやれば、成功する」法則

志を貫くということは、「計画を貫く」ことではありません。

事前の計画をそっくりそのまま形にすることが、志を貫くことではないのです。

多くの人が、ここのところを勘違いしています。

大切なのは「実行し結果を出す」ことです。計画通りに進めることはできなくても、志したものが出来上がればいいのです。つまり、実行段階の途中で修正や変更があっても、最終的に目的のものが完成するなら構わないのです。


何か計画を実行すると、必ず途中で修正や変更が出てきます。これは当たり前のことで、その変化に対して臨機応変に対応できるのが仕事ができる人なのです。

たとえば、政治家と官僚の構図にもこれは当てはまります。頼りなく思える日本の政治

家たちも、たまには正しいことをいうものです。しかし、そういう場合でも官僚は抵抗勢力として行く手を阻もうとします。だからといって、「抵抗に遭って進歩できない」というのでは、志が折れてしまうことになる――つまり、初志貫徹できなくなります。

それなら、計画のレベルを一段階落として、当初の計画の六〇パーセントくらいまでしか達成しないものを目標に修正しても構いません。なぜなら、六〇パーセントくらいのところまで実行してみれば、その先の四〇パーセントもやらなければならないことを、みんな理解し始めます。もともとの志が正しいことが時間とともにわかります。ですから最終的には、志すレベルにまで達することができるはずなのです。

これが正しい「初志貫徹」です。最初から闇雲に志を全うしようとすることが初志貫徹ではありません。とりあえずは六割くらい正しければいいというくらいの形で考え、進めておいて、その裏ではあくまでも志をあきらめず、粛々と最後まで持っていけばいいのです。

「成功するまでやれば、成功します」

私はいつもこのことをいっていますが、真理だと思います。そして「初志貫徹」するための手段として、一流の社員や真のリーダーが必ず兼ね備えておかなければいけないものが、実は「臨機応変さ」なのです。

「君子豹変す」という言葉がありますが、立派な人物ほど、自分の誤りに気づいたらきっぱりと言動を変えることができるのです。私はよく社内で、「豹変していれば君子になれるかもしれないぞ」と部下にいっていました。正しく英訳するとややこしいので、わかりやすく「タイガーチェンジ（Tiger Change）」と独自に訳して、この言葉で社員にハッパをかけたものです。

「六割正しい」と判断して物事を先に進めていくと、その間にも新しい情報がいろいろと入ってきますから、ときには「実は正しくなかった」「もっといい方法があった」と気づく場合もあります。もし「今のままではダメだ」となったら、そのとき変えればいいのです。

今のやり方を変えようとすると「なぜ変えるんだ?」と周囲から不満が出てくることもあるでしょう。本来なら、上司も部下も、みんなが同じ情報を把握していれば、変えざるを得ない理由もわかりますから、文句も出ません。しかし、いくら新情報が出てきてもその段階で突然変更するには格好がつかないときに、物事をいい方向に進めるには、リーダーが「タイガーチェンジ」できるかどうかにかかってきます。それは情報がすべて共有化できていれば、その変更の意味にも自ずと理解が得られるはずだからです。

豹変して反発されても結果はついてきますから、最終的には周りからの応援や協力を得ることができます。

それこそが重要です。

途中がどうあれ、仕事は結果がすべてなのです。

初志貫徹できることと、臨機応変に動けることは相反しません。

初志貫徹するために臨機応変さを発揮できる――。

これが一流のリーダーであり、若い人に目指してほしい一流のビジネスマン像です。

「決着をつける」のが早い人

常に「スピード」を意識して仕事せよ

「仕事ができる」といわれる人は、能力があるということ以上に、効率よく仕事をこなし処理スピードが速いということが評価されている場合が多いのです。

同じ会社に勤める、ある一定レベルの社員同士においては、各人の「能力」の差はそれほど大きくありません。というのも、採用の段階である程度選別されているので、多少の差はあっても、基本的スキルの欠落などはないのです。

では、どこで仕事の結果に差がつくかというと、仕事の「効率」であり、「スピード」です。午前中だけで四つも五つも仕事を片づけられる人もいれば、同じ時間をかけて一つの仕事しか片づけられない人もいます。能力は同じなのに結果に差が出るのなら、その原因の大半は仕事を処理する「スピード」です。

たとえば、かつては手紙やファクスのやり取りによって解決していた問題を、今ではメールで済ませるようになりました。手紙やファクスなら、郵便事情によって相手に届くまでの日数が変わったり、ファクスが本人の手元に届くまでのタイムラグがあったりします。つまり、仕事の結果と、本人の処理能力とが必ずしもイコールではつながりませんでした。しかし、メールとなるとそのスピードは、本人の処理能力と直結します。送信ボタンを押せば、即相手の元に届くからです。

レストランのランチタイムの売り上げは、一二時から一三時までの一時間におけるお客様の回転数で決まるといわれますが、メールもまた、一定時間にどれだけ多くのやり取りができるか、どれだけ早く決着まで持ち込めるかという「回転数」がカギになる点では同じなのです。

このように昔に比べると、現代はシステム的にも仕事のスピードが速くなっているうえ、個人の処理能力のスピード差がダイレクトに「仕事の差」へとつながるようになってきました。

ちなみに、「処理能力」とは、具体的にいうと「判断力」のことです。判断力というのは、単に「どちらが正しいか」を決めることではなく、「こちらの方向性でいこう」「このやり方でやってみよう」と思い切ること、割り切ることも含まれます。

余裕を見て一週間かけてあれこれ検討しながら仕上げた仕事と、「デッドライン」を決めて集中的に手早く一日で仕上げた仕事を、あとで比較してみると、そのクオリティに大きな差はありません。この仕事はこれで終わり、と潔く割り切ることが、仕事のクオリティを損ねずに処理スピードを上げることにつながります。

常に「スピード」を意識して仕事をする。

どんどん判断し、仕事に決着をつけていく。

この習慣を若いうちから身につけておけば、いち早く仕事ができる社員としての資質を身につけることにつながるはずです。

一歩先を見て動く人

行き当たりばったりの仕事を防ぐ段取り力

最近、創作料理を得意とする知り合いからレシピを譲っていただいて、時折自宅で料理をつくるようになりました。

これが本当においしいのです。「創作料理」といっても手間のかかるものではありません。むしろ、上手に手を抜きながら、手早くおいしくつくることができます。たとえば、冷凍の海鮮とバジル入りのトマト缶を買ってきて、野菜を加えてパスタソースをつくり、そこにゆでたパスタを放り込むだけです。ただ、パスタのゆで加減をちょっと短くしたり、食材に合わせて調味料を工夫したりすることで、一層おいしく仕上がるのです。

料理をするようになって発見したことの一つは、手間をかければおいしいものができるわけではないということでした。前項でも述べたように「デッドライン」を設けて一日で仕上げた仕事が、一週間かけて仕上げた仕事のクオリティに優るとも劣らないという点で、仕事と料理には共通するところがあります。

料理をしてみるとよくわかるのは、料理をつくり終わり、食事をした後に、いかに洗い物が多く残されるかということでした。包丁、まな板、フライパン、お鍋、ザル、菜箸、おたまなど、料理をつくるために使った汚れ物と食器で流し台が埋まってしまいます。

ところが、段取りが得意な人は、食事をつくり終えたときには台所もきれいに片づいているのです。食後の片づけは食器を洗うだけで済みます。それは、料理をつくりながら、同時に調理器具を片づけているからです。常につくる作業と片づける作業の段取りを考えながら動くことで、トータルで料理にかかる時間を少なくしています。

食事はおいしくても、片づけは手間です。お腹いっぱいになって幸せな気分のとき、山となった洗い物を見れば気持ちも沈むかもしれません。

イヤだ、やりたくないと思っている仕事は、時間がかかります。少なくとも、「まだ終わらない」という後ろ向きの感覚を持ちます。それを避けるために、食事をつくる合間をぬって同時に洗い物も済ませてしまうのが段取り力のある人です。

頭を使い、工夫しようと考えると、後片づけそのものにも楽しみが出てきます。そういう人は料理も片づけも上手になるでしょう。自分で自分を伸ばしていける人です。

仕事に当てはめて考えれば、たとえば、常に机の上をきれいに整えている人は、平素からそれなりに段取りに気を配っている人といえます。

こういう人は、小さな仕事でも放置したりしません。

たとえば、まめにメモを取る人というのはよくいます。注意すべきこと、気づいたこと、忘れてはいけないこと、思いついたこと、誰かに頼まなければならないことなど、メモを取るのは誰にでもできます。ところが、メモを取っただけで安心してそのまま忘れてしまう人も少なくないのです。

その点、段取り力のある人が他の人と一線を画すのは、書いたメモの内容を、時間を見つけて次々に処理していくからです。仕事の合間にそれをこなすので、他の仕事に支障を来しません。「うっかり忘れていた」「もう間に合わない」という事態を引き起こすこともないわけです。

やるべきことに「気づく」だけでは仕事にはなりません。

それをどんどん「実行」できるかどうか――。

それが仕事ができる社員とできない社員の差になります。

段取り力のある人とは、気づいたことを実行する力がある人のことなのです。

段取りが苦手な人は、「デッドライン」システムを導入することで、段取り力を上げることができます。

「デッドライン」については4章で詳しく述べますが、簡単に説明しますと、仮に月曜日の朝に一週間後がデッドラインの仕事を与えられたら、

「金曜日にメドをつけたい」
↓「そのためには木曜日までにあの部署から資料をもらっておく必要がある」
↓「今日中に頼みに行かなければならない」
↓「今日の何時までに頼みに行くか」

という具合に、一歩先、そのまた一歩先……と、仕事の段取りを決めます。

他の仕事の「デッドライン」とも組み合わせて考えれば、さらに、

「今日の午前中までに頼みに行く」

「金曜日の○時までに終わらせる」

などと、より具体的に仕事の順番が決まるのです。

このやり方を大いに活用すれば、終わらない仕事など一つもなくなるはずです。

アイデアを形にできる人

目の前の「宝の山」に気づくか、気づかないか?

最近、テレビ番組にコメンテーターとして呼んでいただくことも多くなりました。朝のニュース番組など、三時間くらい座っていても私がコメントするのはトータルしてもせいぜい数分ですが、これが侮れません。短時間で的確にわかりやすく、しかも新しい着眼点、新しい見方でコメントするのは、非常に難しいのです。毎回、どうもうまくいかなかったと反省することしきりです。

新しい着眼点、新しい見方——つまり、「新しい発想」は常に湧いてくるわけではありません。そもそも発想とは、ゼロから何かを生み出すことではないと私は思います。発想力は「経験値」に基づく以外にないのです。そうでないなら、テレビ番組のコメンテーターなど二〇代の若くてきれいな人が担当すればいいわけです。

しかし、それでは役者不足だとたいていの人が思うのは、経験不足による発想力の弱さをコメントの端々に感じるからではないでしょうか。「経験値」とはわかりやすくいえば、分析力、常識力ならびに判断力のベースに含まれるもので、見方を変えて物事を見られるかということです。

発想力を阻害するものの一つは、前例主義的な考え方をすることでしょう。つまり、物事に対して「他にあった似た事例では、このようなときは……」とパターンを見つけ出すことです。それ自体は決して悪いことではなく、大半のケースでは前例主義的な考え方でいいのですが、ときにはパターンに当てはまらず失敗することもあります。だから安易に前例主義に流されてはいけないと思うのです。

そうではなく、「前例」から学んだ一定のルールやパターンを、例外的なものに当てはめて考えることができる頭の柔らかさがあれば、その人は「発想力のある人」と呼べるでしょう。若い人には、そうした資質を身につけてほしいものです。

ルールやパターンのバリエーションを豊富に持っているうえ、例外的な事柄に関してもぴったり当てはまるようなルールをよそから引っ張ってくる人が、発想力の豊かな人なのです。このパターンはどうだろうか、ダメなら別のルールはどうだろうかと検討することで、新しい発想が生まれます。

そして、発想力の下支えとなり、強みとなるのは、「常識の厚み」です。経験や勉強で培われたものです。

もちろん、あれこれ検討する間もなく、湯水のように誰も思いつかなかった新発想が湧いてくるような天才的な能力があるなら、それに越したことはありません。しかし、そんなことはあり得ないと思います。

私だって、天才的な発想力など持ち合わせていませんが、それでも一九年間、経営者として自社の増収・増益を果たしてきました。

たとえば、トリンプの有名ブランドとなった「天使のブラ」も、販売当初は新しい発想であると評価されましたし、自分たちも天使のブラが「新しい商品」であることをアピールしました。当時の日本では、胸の谷間を強調するタイプのブラジャーは売れ筋でなかったことは確かです。

しかし実は、すでに海外ではこのタイプのブラジャーのブームが起きていたのです。その情報を受けて日本への導入を決めたのであって、つまりアイデアそのものはTTP（徹底的にパクる）によるものでした。最初はメインのアイテムではなくサブの商品にまぎれ込ませてみたところ、意外にもお客様に好評でした。そこで、「天使のブラ」と名づけてメインの商品として大々的に売り出しました。

それこそ周囲からはまさに新しい発想であるといわれましたが、社内の人間である私や社員たちは、情報を集め、分析をして、常識に照らし合わせて判断したうえで商品の導入を決めたのであり、ゼロから生まれた発想ではなかったわけです。

もっとも、商品の売り出し方や広告・テレビCMでのアピールの仕方、商品名などに関しては、新しい着眼点が商品の売れ行きを大きく左右することも珍しくありません。斬新な発想が、ライバル社と明暗を分けることもあります。ただ根本的な部分において必要なのは、的確な分析と常識的な判断なのです。

もし発想力を磨きたいのなら、まずは「常識力」を磨くことから始めてください。

アイデアの豊富な人ほど、「発想のヒントはそこらじゅうに転がっている」という趣旨の発言をします。その言葉が意味するのは、同じもの、同じ風景を見たとき、そこにどんな例外的なパターンやルールを当てはめられるかを見つけられる人にとっては、日常の何気ないことが「アイデアの宝庫」となるけれど、そうでない人には単なるモノ、単なる風景でしかないということです。

発想は何もないところから生まれるのではありません。

常識の中から生まれるものです。

つまりどんな人にも、素晴らしい発想を得られる可能性があります。

本人の努力と工夫次第なのです。

感情をコントロールできる人

あえて〝怒り〟を見せるべきとき、隠すべきとき

感情をうまくコントロールしたうえで、それを出すべきときに出せる、というのが一流のビジネスマンです。

たとえば会社において、自分の進みたい方向、あるいは進むべきだと思う方向、もっと正確にいえば、私利私欲を一切挟まないうえで、会社にとって一番いい結論や目的に向かって進もうとする際に、議論が起きたとします。

議論とは、「同じ情報を共有できていない」ときに起きるものです。議論を起こさないためには、徹底した「情報の共有化」を行なう必要があるのです。

もっとも、仮に情報を共有化して、「やり方を変える必要がある」という結論に至ったとしても、いわゆる「抵抗勢力」は必ず出現します。たいてい、抵抗勢力のいい分は「お

っしゃることはもっともだけれど、現状で我々は満足しているのでこのままやりたい」というものです。会社のためには、新しい方向に変えたほうがいいと説明しても、「そうはいっても……」と受け入れません。

こういった抵抗勢力に対しては、自分をコントロールしたうえで、怒りの感情をあえて見せることが駆け引きの一つになります。トップダウンの立場にいるのであれば、それを自覚したうえで、絶対にそれ以上は譲歩しないことを相手に気づかせるくらい明瞭な意志を見せるのは、ときに効果的です。

また、場合によっては、目的地の一歩手前のところで折り合うことも、抵抗勢力をかわす一つの方法です。初志貫徹の意志を心に隠し持ちつつ、表面上は六〇パーセント程度のところまでとりあえず前に進むようにします。

こういう場合は、怒りの感情を表にさらけ出し、「わかっていない」「頭が固い」などと言葉で相手を強く非難して事を荒立ててしまうと、後々マイナスに響きます。目標の一歩手前まで到達したときに、抵抗勢力が「もっと先に進んだほうがいい」と気づいたとしても、感情的な面から反発してしまう危険があるからです。相手の感情を無視すると、最終的な目標へたどり着く前に事態がストップしてしまいかねないので、慎重に配慮する必要があります。

さらに一流のビジネスマンは、仕事が無事に終われば、相手が抵抗勢力であったとしても、「あなたのおかげで仕事ができた」という考え方に立って接することができます。最終的に仕事が出来上がり、結果が出れば会社はよくなるのですから、目的は達せられます。それこそが一番重要です。

功績を周りに譲ることなど取るに足らないことです。

そう考えられる人こそ仕事ができる社員なのです。

敵を敵のままにしておかない人

あなたの〝器量〟はここで試される

敵が多い人には共通するところがあります。

たとえば、物事を強引に進める、という点です。

なぜ、物事を強引に進めることになるのか――。

それは前項でもいったように、「情報の共有化」がなされていないことに大きな原因があります。同じ情報を持てば、同じ結論に達するはずなのですから、「強引さ」を発揮する必要はありません。

一方で、これも前項で述べた通り、情報を共有していても、抵抗が起きることは避けられないという事実も、認識しておいてください。

何か事を動かそうとすれば、摩擦が起き、抵抗が起きます。物事は、最初にそれを動かし始めるまでが一番大変なのです。いったん動き始めてしまえば、「慣性の力」が生まれてスムーズに回り始めます。

仕事ができる社員は、「慣性の力」を人間関係に作用させ、味方を増やしていきます。大切なのは、「成功はみんなのもの」というスタンスで部下や周りに接することです。そうすれば、「あの人についていけば間違いない」という信用を周りから得ることができます。そして、周りの人の視線が自分の視線と同じ方向へと近づいてきて、いずれぴったりと合わさります。

何か新しいことをしようとするとき、たいてい最初は敵ばかりです。しかし、敵から逃げたり、敵に囲まれていることを嘆いていたりしても、何の突破口も切り開けません。

仕事ができる社員と仕事ができない社員の差が出てくるのは、このときです。

その人の器の大きさ、深さ、もしくは小ささ、浅さで差が出ます。

懐の深い人は、懐の浅い人とまったく同じことをしながらも、最終的に敵をつくらず、より早く、よりうまくチームワークをつくり上げ、仕事を完遂することができるのです。

敵を敵のままにはしておかない——それが一流の仕事のやり方です。

4章 この「仕事の基本」を守る人

Why Some People Succeed at Work and Others Fail

常に先手必勝で動く人

「緊急ではないが重要な仕事」に価値がある

仕事というのは、「重要度」と「緊急度」によって、左ページの図のように四つの区分に分けることができます。

基本的に人は、緊急度の高い仕事から優先的に処理しようとします。締め切りが間近なもの、たとえば、事務処理・経理処理などです。

図でいうと、①と②の領域に当たります。そしてほとんどの社員は、緊急度の高い仕事をこなすだけで手一杯になってしまい、緊急度の低い③や④の仕事は放置してしまいます。重要度の高い仕事であっても、緊急度が低いために手つかずになってしまいがちなのです。

しかし、会社というのは「徹底度」ですべてが決まります。

そして、社員個人の仕事についても「徹底度」で決まるのです。

重要度＼緊急度		高い	低い
	高い	①	③
	低い	②	④

基本的に放置したままにしていい仕事などありません。③の仕事も④の仕事も、すべて何らかの形で処理する必要があります。

今日中の締め切りの五〇〇円の仕事と、一週間後に締め切りの五〇〇〇万円の仕事は、どちらが重要かといえば間違いなく後者です。

しかし、前者の仕事が今日中の締め切りであれば、何をおいても今やらなければなりません。翌日にも、翌日締め切りの仕事があれば、そちらが優先されます。

そうして緊急度に振り回されているうちに、五〇〇〇万円の仕事の締め切りがだんだんと迫ってきます。結局は、前日になって手をつけることになるわけです。

その間、優先されてきた仕事というのは、

ほとんどが緊急度は高いけれど重要度は低い②の領域に当たる、いわゆる「デイリーワーク」と呼ばれる仕事です。

読者の方も身をもってご存じのように、デイリーワークは掃いて捨てるほどあります。重要でないことがわかっていても、緊急度が高いのでやらざるを得ません。経費を精算しなければ自分が困りますし、報告書を出さなければ上司にせっつかれます。「面倒だな」「他にやらなきゃならない仕事が山積みなのに」と思いつつも、やらないわけにはいかないのです。古い考え方の会社では、そういったデイリーワークがいまだに紙ベースで行なわれ、面倒な手続きが必要で、かなりの時間が取られてしまっていることも珍しくありません。

一方、重要度は高いが緊急度は低い③の領域に当てはまる仕事は、たとえば何十人、何百人の仕事の効率化を図れるシステムを構築したり、マニュアル化したりするなど、時間はかかるものの完成すれば数千万円分の価値を生む仕事です。

一例を挙げると、出発地と到着地を入力すれば自動的に交通費が計算され、そのまま上長にデータ送信でき、決裁が下りれば自動的に自分の給与口座に経費が振り込まれるシステムをつくれば、紙ベースで処理する何十分の一の時間で経費精算が済みます。

また、重要度も緊急度も低い④の領域に当てはまる仕事とは、たとえば事務所のエアーコンディショナーの掃除です。大きな会社でそれなりの部門がちゃんと面倒を見てくれるのなら別ですが、そうでない限り、夏が終わり、冬にヒーターとして使用し始める前には、すべての清掃が終わっていないとならないわけです。これも放置しておくといつの間にか緊急度の高い仕事になってしまいます。ですから、時間を見つけて適切な処置を前もってしておくことが肝心なのです。

こういった③や④の仕事をどんどんこなすようにしていくと、デイリーワークにかかる時間が短縮できるようになりますし、本来の仕事ではないムダとも思える仕事に振り回されずに済むようになります。

それによって緊急度の高い仕事が効率よく処理できるようになれば、あいた時間を利用してさらに③や④の領域の仕事に手をつけられるようになります。

こうしたいいサイクルをつくり出すために、意識して③や④の仕事にどんどん手をつけていくのが仕事ができる社員なのです。

緊急度が高い仕事だけで手一杯にならず、少しずつ③や④の領域にまで手を広げていけるようになると、仕事の内容が変わってきます。事務処理に追われなくなり、より頭を使う仕事や、会社に巣くった根の深い問題の解決にも乗り出していけるので、会社が自然といい方向へ進み始めます。体力をすり減らすだけで仕事をしているつもりになっている人も、次第にいなくなるはずです。

締め切りを必ず守る人

すべての仕事に「デッドライン」を設定する

前項に続きますが、では、どうすれば③や④の仕事に手をつける時間を確保できるでしょうか。たとえば、優秀な社員に秘書をつけたりアシスタントをつけたりするのも一つの手で、海外では若い社員にも秘書がつくことは珍しくありません。しかし、日本企業でそれは望めないので、まずは「デッドライン」によって仕事を前倒ししていく方法が最善であると私は考えています。

私が提唱する「デッドライン」には二種類あります。
一つは「日付のデッドライン」です。
もう一つは「時間のデッドライン」です。
まずは、とにかくすべての仕事について「いつまでに仕上げるのか」を明確に決めなければいけません。「来週中」などと曖昧な締め切りではなく、「○月○日までに提出」とはっきりデッドラインを引くことを徹底してください。

部下にデッドラインを与えない上司は、上司失格です。特に③や④の仕事で放置されたままになっているものに、デッドラインをつけていくことが重要です。

上司は、部下にすべての仕事を終わらせてもらうため、進めてもらうために、日付のデッドラインを利用してお膳立てしてあげなければなりません。部下に①や②の仕事だけでなく、③も④もやらせるために、それぞれの仕事に日付のデッドラインをつけるのが上司の役割です。

部下もまた、仕事を指示されたときに「締め切りはいつでしょうか?」と自分から上司に確認する積極的な姿勢を持たねばなりません。

次に、毎朝、自分が今日やるべき仕事と、その日に使える時間がどれだけあるかを調べたうえで、一つひとつの仕事に時間のデッドラインを決めていきます。その日一日の仕事の割り振りを自分で設定するのです。

仕事にはそれぞれ日付のデッドラインがありますから、何月何日までに仕上げなければならないかは明らかです。つまり、明日以降で間に合うのか、今日中にやらなければならないのかがわかります。今日中にやらなければならないことをピックアップしたら、次はその日の定時ですべての仕事が終えられるように、それぞれの仕事にどれくらいの時間をかけるか、自分で設定していくのです。

来客予定が入っていることもあるでしょうし、外出予定もあるかもしれません。会議も入っているでしょう。それらを省くと、どれくらいの時間を残りの仕事にあてられるかすぐにわかるはずです。仮にデッドラインの仕事を処理するのに二時間しか時間がないのに、やるべき仕事は三件あり、どうも各一時間で合計三時間くらいはかかりそうだとします。その場合、「間に合わない分は残業しよう」となってしまうのは、仕事ができない社員の考え方です。

仕事ができる社員は、三時間分の仕事を、二時間で仕上げるためにどうすればいいか考えます。これは単純なことで、一二〇分を三分割すると、四〇分。つまり、一つの仕事を四〇分で仕上げればいいと計算できます。そこで、「一件につき四〇分で仕上げる」という時間のデッドラインを自分に課すのです。

一時間はかかりそうな仕事であっても、「四〇分でやろう」と決めて、時間を意識しながら仕事をすると、ほとんどの場合できてしまいます。「締め切り効果」といわれるものです。

集中力を高めるための一番いい手段は、終わらせる時間を設定することです。締め切りが背後に迫っていれば、いやがうえにも集中力は上がります。自分を上手に追い込む一番の方法が「時間のデッドライン」を設定することなのです。試験のとき、設定された時間内ですべての問題を解かなければいけないのと同じです。

一つひとつの仕事に時間のデッドラインをつけると、自然と効率が上がります。人間の頭は不思議と「これくらいでいいか」と楽なほうに流れていくようになっているので、デッドラインがないと、ダラダラ仕事をしたり集中できなかったりするものです。

また、自分の仕事のレベルより少し厳しい条件の中で必死になってやることで、自分を鍛えることにもなりますから、次第にもっと短い時間で処理できるようになります。これは、誰にも負けない仕事ができるということにつながっていきます。

こういった仕事の仕方をしている人とそうでない人を何年か経って比較した場合、実力に大きな差が出てくることはいうまでもありません。

仕事に日付のデッドラインをつける。

そのうえで時間のデッドラインを設定する。

実行してみるとよくわかりますが、この二つのデッドラインがあると、仕事はすぐに終わってしまいます。

こういった仕事の仕方を習ってトリンプから他社へ転職した人に話を聞いたところ、やるべき仕事がすぐに片づいてしまい暇で仕方がないから、自分で仕事をもらいに行くのだといっていました。仕事のやり方がわかっているから、「間に合わない」「終わらない」などと時間に追われることがないのです。

デッドラインがあるかないかは、仕事の結果を直接的に左右します。

仕事ができる人は例外なく、デッドラインを積極的に自分に課せる人なのです。

「打ち合わせ」が多い人、少ない人

仕事は人から教わるものではない！

会社という組織は「トップダウン」でうまく回る構造になっています。より正しくいうなら、トップダウンとボトムアップの組み合わせです。

とにかくトップ、もっと正確にいうなら、その部門の上司が判断して結論を出します。あくまでも「判断」をするのは、上司の役目だからです。どのようにやっていくかということを下の人間が決め、それを、上司が判断し結論を出していきます。つまり、「どうやるか」を検討する段階ではボトムアップになります。「どうやるか」を部下自身に考えてもらうことで、実行段階がスムーズに進むようになります。

上司は、ただ判断に徹します。極端にいえば、部下が「五〇億円を投資してもいいでしょうか？」と提案してくるのに対して、イエス・ノーを明確に伝えるのが上司の仕事であり、トップの責任です。

とにかく、仕事を部下に任せることが重要であり、上司が自分で仕事をしようとすると、部下は育ちません。

自分で仕事を抱えている上司の部下はたいてい、上司が時間的に処理できなかった分の中途半端な仕事を処理させられたり、そのために上司と打ち合わせをしたり、質問をしたりといった不必要な仕事が多くなります。話し合いをしてばかりの状況になってしまい、効率化、部下の育成とはかけ離れた事態になります。

具体的にどういうことかというと、上司が自分でも仕事の担当を持つ「プレーイングマネージャー」として仕事をやっていると、いざ仕事が終わらないとき、「ちょっと○○君、この仕事をやってくれないか」と、部下に細切れの仕事を渡してしまうのです。

すると、部下は上司のやり方を踏襲せざるを得なくなって、「ここはカギ括弧をつけておいたほうがよろしいのですか」といったレベルの、くだらない話のすり合わせが何度も出てきます。要するに、「報・連・相」――報告、連絡、相談が、それこそ徹底的に必要になります。

部下に権限を与え、一つの分野を任せるといった仕事の仕方をしていないために、部下と上司の間にホウレンソウが多発している会社のオフィスは、非常にうるさいものです。お互いに話をしないことには仕事が進まないのですから、仕方がありません。一人で仕事が処理できないので、ホウレンソウを持ちかけてはお互いに仕事の邪魔をし合う結果になってしまいます。

ここに見られる上司と部下の関係性は、ＧＰＳと私たち人間の関係に似ています。見知らぬ土地へ行こうとするとき、ＧＰＳを使って目的地を打ち込めば、道順をナビゲートしてくれますから簡単に行けますが、後日もう一度同じ場所へＧＰＳの案内なしに行けるかというと、行けません。道を覚えていないのです。

しかし、初めて行くとき余計に時間がかかっても、自分で地図を探って苦労しながらたどり着いた場合には、二度目は無条件にスムーズに行けるのです。

仕事も同じです。どんなことでも、できるようになるには、自分自身で学ぶしかありません。誰かが教えてくれるのを待っていて、実際に懇切丁寧に教えてもらえたとしても、すぐに自分のものにはならないのです。

上司がGPSのように部下を懇切丁寧にナビしたら、その瞬間はよくても、先々の結果は悲惨なことになります。自力では目的地にたどり着けない、何もできない社員が出来上がってしまい、いつまで経っても成長しないでしょう。

ちなみにみなさんはご存じでしょうか、GPSというのは目的地が出ないのです。少なくとも、私の車に搭載されているGPSはいったん設定すると、どこが最終目的地なのか、画面のどこにも出ていません。電話番号を入力して目的地を設定すると、パッと消えて、現在ただいまの状況から右へ行けばいいのか、直進すればいいのか、あと何分先で曲がればいいのかといった情報は出てきても、目的地がどこかは表示されなくなってしまいます。

正しく設定されているのか確認のしようがないので、目的地を知らずに走らされるような感覚です。ホウレンソウを余儀なくされる部下は、これに似た心許なさを抱えているといえます。

あるとき、社長さんだけが集まった会で講演したのですが、その際「この中で、上司に手取り足取り教え込まれたおかげで社長になれたという方、手を挙げてください」と質問してみたところ、誰一人として手を挙げませんでした。

当然だと思います。彼らは、自分で苦労して結果を引っ張り出し、自分の立場を築いてきたという自負がありますし、実際にそうでなくては何も成し遂げられないのです。

上司が有能だろうと、そうでなかろうと、自分を育てるのは結局のところ自分自身でしかないのです。仕事ができる社員を目指す若い人には、ぜひこのような考え方を身につけてほしいと思います。

集中するコツをつかんでいる人

私が「がんばるタイム」を活用した理由

常に集中力のある人などいません。

ただ、集中力を上げるための条件や方法はあります。

まずは、睡眠が十分であること。

よく眠り、やる気・気力・意力があって、体力が温存され、くたびれていないことが大切です。健康であることは、気力にもつながります。ですから、マネージャークラスの人には、走る習慣のある人が多いというのも理解できます。

次に、静かに仕事ができる環境が整っていること。

最後に、仕事に「デッドライン」が設けられ、締め切り間近な状況であることです。

これらがそろえば集中力は確実に高まります。

特に、仕事にデッドラインが引いてあることは欠かせません。

そして、こうした条件さえそろえば、その人の持つ能力が十分に発揮されます。

人間の力とは不思議なもので、締め切りがずっと先であったり、そもそも締め切りがなかったりすると、一つの仕事に対して「あれもやろう」「これもやろう」とあれこれ考えが出てきてしまって、いつまで経っても終わりません。

一方、「明日までに仕上げなさい」といわれると、必死になるので余計なことを考えずにやれてしまいます。それができないのは、できるはずの力をうまく使いこなせていないからに過ぎません。

とにかく、集中力を十分に引き出すためには、デッドラインを決めることが一番確実な方法なのです。上司という立場になれば、デッドラインを駆使して部下の集中力を引き出す手助けをすることも、非常に大切な役割といえます。

職場が笑い声や話し声で溢れていると「活気がある」などといいますが、仕事をするという観点からいうと、単に騒々しいだけです。集中するには、静かな環境であることが欠かせません。

トリンプの社長時代、私が「がんばるタイム」を導入したのも、社員の集中力を高めることが目的でした。毎日昼の一二時半から一四時半までの二時間、ひたすら仕事に集中するのです。同僚と話をしたり、コピーや電話、立って歩いたりするのも禁止です。部下に指示を出したり、上司に確認を取ったりするのもいけません。静まり返った中で、誰にも邪魔されず仕事ができて、自然と集中することができます。

「がんばるタイム」の導入を徹底的に行なったことで、二時間だけでなく、一日中オフィスが静かになったのもうれしい影響でした。私を訪ねてきたお客様が、普通の声で話をするのもはばかるほど静かでした。社員の机と机の間に、高さ五〇センチメートルほどの仕切りを全社統一して立てたのも、功を奏したようです。自分だけのスペースにこもった感覚で仕事ができ、周りからも干渉されにくくなる効果がありました。

最初から、誰もがみな集中するのが得意だったわけではありません。「集中できる環境づくり」をしたから、集中できるようになったのです。

集中力のある人は、「集中できる環境」を自分で整えられる人です。

人間はだらしないもので、自分を甘やかそうと思えば際限なく手綱を緩めることができます。人は易きに流れる性質を持っているのです。

仕事ができる人は、それをよくわかっています。
それを自分に許さないのが仕事ができる人です。

最近では、多くの会社で「フリーアドレス」という試みが行なわれていると聞いています。特に営業部などでの導入が多いようです。要は、自分専用のデスクがなく、その代わりフリーのテーブルと椅子が置かれていて、社員は荷物を収納する可動式のキャビネットを与えられます。

デスクワークをするときは指定されたテーブルで仕事をするのですが、使用時間にはタイムリミットがあります。オーバーした場合は、席料が部門にチャージされ、上司へ報告が上がる仕組みになっている会社もあります。つまり、ダラダラと机に座っている時間があったら、もっと外に出て行くべきという考え方です。こうした仕組みがあると、否応なく集中力は増すでしょう。

自分は集中力がないと思っている人は、ただ集中できる環境の整え方を知らないだけです。今すぐにでも集中できない自分を変えられます。

たとえば、自主的に自分の仕事に時間のデッドラインをつけたり、集中したいときは会議室を取って一人静かにこもって仕事をしたりするなど、「方法」さえわかれば、誰でも「集中力のある人」になれるのです。

得意・不得意がはっきりしている人

どんな難問も小さく分ければ必ず解ける

中学時代、もしくは高校時代、試験を受けるとき「簡単な問題からやりなさい」と教わった記憶はないでしょうか。

つまり、苦手な問題は後回しにして、必ず解決でき、点数が見込め、それにかかる時間が読める問題から取りかかることが点数を上げるコツでした。それと同時に、解ける問題から取りかかるのは、それによって心の安定を図れるからです。試験においては冷静さを失わないことが重要であり、焦ったら終わりです。凡ミスさえ起こしかねません。だから、できるところから取りかかったほうがいいわけです。

考えてみると、ここでいう「苦手な問題」とは、「その人にとっては難しい問題である」という意味です。誰にとっても難問ということではなく、その人にとっては難問でも他の人にとっては簡単なのかもしれません。ただ、その人が「これは苦手だ」と思っているだけです。

つまり、苦手意識があるから苦手なのであって、その意識を持たないようにすればいいのです。もっといえば、得意になってしまえば、苦手なことはなくなってしまいます。

今まで苦手だと思っていたこと、難問だと感じることに対して、まずは興味を持ってみてください。そこに何か面白いことがあると信じて、向き合ってみるのです。

もし難問が解決したときには、その喜びをかみしめて記憶に刻みます。そうして、自分の中の「苦手なこと」のカテゴリの中から、少しずつ「得意なこと」のカテゴリへと移し替えていくことです。

人は難題を前にすると逃げ腰になります。解決しようと挑戦せずにあきらめてしまうこともあります。

そして、一度その問題に背を向けてしまうと、それがとてつもなく大きな問題で、決して解くことのできない難問であるかのように思えて仕方がなくなります。だから「苦手なこと」に分類して、以降はそれに関わらないように遠ざけるようになるのです。

ところが、問題にちゃんと向き合って、分析して、分解して小さな問題に分けて考え、一つひとつを丁寧に解いていけば、解決できない問題ではないとわかることが多いのです。どうすれば解決できるのか考え続け、解き続けることができる人は、苦手なことなどなくなるはずです。

試験では難問にも立ち向かえるのは、制限時間という「デッドライン」があるからです。仕事でも同じで、仕事におけるどんな問題も、デッドラインを引いておかなければそのまま放置されてしまいます。

そして、放置された問題は、さらに他の問題とつながり、大きくなって、根の深い問題へと発展してしまうのです。問題が大事にならないうちから対処しておけばいいのに、それを怠るからどんどんふくれ上がっていきます。大きなトラブルが起こってしまったり、取り返しのつかないミスをしてしまったりするとき、原因の大元はもともと小さな問題であり、難問に見えたものを見て見ぬふりをしてしまったことにあるものです。

根の深い問題は「与件」となります。

問題を放置することで、本来は存在しなかった与件を、あえて自らつくり出すことになります。

一度与件となったものはなかなか変更できません。たとえば、メールの処理を苦手としている人が、なぜ苦手なのか考えたり、得意になるための努力をしたりしなければ、永遠にメールの処理に苦しめられることになるでしょう。そこから抜け出せなくなり、メールの返信に時間がかかることを考慮したうえで、他の仕事の計画を立てなければならなくなります。

「得意だから」「苦手だから」という理由で仕事を選んだり、仕事の順番を決めたりすると、仕事の効率を悪くします。あくまでデッドラインを基準に仕事のやり方を決めるのが、仕事ができる人の鉄則です。

もちろん、与件の中には自分の力では変えようのない事情もあります。やる気のない上司や、会社の古い体質などは一朝一夕にはどうにもなりません。

しかし、それ以外の与件をつくらないようにすることはできます。苦手なことを得意なことへと変えていく努力もその一つであり、これができる人とできない人の差は、いずれ仕事において大きな差となるのです。

苦手なことを苦手なままにしておかない――。

それが仕事ができる社員です。

そして、人の上に立てる資質を自分の中に育てられる人です。

指示された以上のことができる人

〝のびしろ〟がある社員、ない社員

この章の冒頭で、仕事における「重要度」と「緊急度」の話をしました。
「緊急度」のみをキーとしたデイリーワークを追いかけて忙しくしている人であれば、何かしらの指示が上から出たとしても、それに対応する時間も余裕もないでしょう。ギリギリの状態で「デッドライン」までに仕事を終わらせることはできても、それ以上のことはできません。

ここでいう「ギリギリの状態」とは、仕事の内容についての意味です。仕事として合格ラインのギリギリまでは達成できても、それ以上のレベルまで洗練させる暇はないということです。もう少し練りたいと思えば残業を増やすかどうかという話になってくるでしょう。結局いつまで経っても仕事は終わらず、徒労感だけが重なってしまいます。

仕事とは不思議なもので、一定量の仕事があれば、それだけで忙しくなってしまいます。

その様子を見ている周りの人も「あの人は忙しそうだ」と思いますし、自分自身もそう思い込んでしまうのです。

一方で、人には誰でも「いい仕事をしたい」という願望が常にあります。ですから、その一定量の仕事についてレベルを高めようとします。時間をかけることも厭いません。残業したり、何日もその仕事にかかりきりになったりするわけです。

しかし、たとえば締め切りの一週間前から仕事に取りかかっても、関係する資料を手当たり次第に集め「これもいい」「あれも重要だ」と関連資料を選び出す作業に時間を取られてしまえば、最終的にまとめる段階になったら時間がなくなって資料を見る暇がなくなったり、情報が多すぎてまとめきれなくなったり、といったような事態にもなりかねません。結局、デッドラインがきてしまい、だいたいのところで終わらせるしかないこともあります。とても忙しくしていたのに、フタを開けてみれば、結果にはつながらないのです。

物事は時間をかければかけた分だけ完成度が上がると考える人もいますが、それは違います。丁寧に仕事をすることはとても貴重ですが、実際のところ時間をかけようがかけまいが、日付と時間のデッドラインをきちんと決めて仕事をしていれば、最終的な仕事の出来には大差ないことがほとんどです。時間よりも「締め切り効果」の持つ集中度のほうが重要であるということです。これは私の経験から確信を持っていえます。

ギリギリの状態で仕事をしているうちは「仕事量×質」の絶対量は上がりません。そうなると「体力×気力」も大きく関わってくるからです。指示された仕事も満足にいかないのですから、当然、指示された以上のことまで手が回りません。だから評価もされないのです。

いい換えると、「指示された以上のこと」ができる人というのは、「指示された通りのこと」を完成させたうえで、もうワンステップ上のことができる人なのです。常に指示された以上のことができる余力があるのが、〝のびしろ〟がある人であり、成長できる社員であるといえます。

5章 この「要領」をつかんでいる人

Why Some People Succeed at Work and Others Fail

周りの協力を得られる人

できる人は、自分の考えを〝周知徹底〟させる

「伝える力」とは、いわゆるコミュニケーション能力です。そして、コミュニケーション能力がとても重要なものであることは間違いなく、仕事においては、社内における「情報の共有化」のために必須のスキルといえます。

同じ情報を持てば、誰もが同じ結論に達するはずなのです。しかし、そこに私心があると、結論にブレが生じます。結論が違ってしまうのです。そうならないために、情報の共有をますます徹底し、私心による判断を排除してバイアスがかかることをなくしたうえで、伝える力を生かさなければなりません。

問題解決や戦略を練るとき、まずすべての情報を共有化して、次々に情報を積み上げていく過程が必要です。積み上がったその先に、解決法や解決案、結論などが導き出されま

す。ですから、とにかく「共有化の努力」をしなければならず、その点においてコミュニケーション能力は欠かせません。

ただし、単にすべての情報を流すだけが十分なコミュニケーションとはいえないのです。情報の共有化をした結果から導き出される解決法や解決案、結論についても伝達し、納得してもらう必要があります。ここでもやはりコミュニケーション能力が求められます。

「伝える力」がなければ、自分の考えていること、思っていることは伝わりません。正しい情報も伝えられません。

逆に、「伝える力」のある人は、周りからの協力を得やすくなります。仕事においてはほとんどの場合、周囲の「協力」を得られないことには先に進めません。

物を動かそうとすると、必ず音がします。お箸一膳であっても、どんなにそっとテーブルの上に置いても、やはり音はします。お箸とテーブルの間に抵抗が生まれるからです。

それと同じで、仕事において新しい企画を提案したり、今までのやり方を変えようとしたりするなど新しい動きを起こせば、抵抗勢力が必ず現われるものです。

しかし、自分の意見に「NO」といわれたからという理由で、相手と敵対するのは間違っています。大切なことは、会社のために何をするのか、何ができるのかという点については、社内の誰もが同じ方向に向かって一緒に進んでいることに気づくことです。ただ「進み方」について、徒歩で行くのか飛行機で行くのか考え方の違いがあるだけで、どの社員も目指す方向は同じはずです。

それを忘れず、情報の共有化を徹底的に行なうためのコミュニケーションを実行し、工夫すれば、自ずと協力を得られるようになります。

また「伝える力」は、リーダーに求められる資質の一つでもあります。

鉄道ファンが新幹線の写真を撮るとき、どの部分を被写体に選ぶかといえば、基本的には先頭車両です。「先頭」だけに目立ちますし、それぞれに特徴のある形をしていて、いわば「新幹線の顔」ですから当然です。

しかし、新幹線という乗り物は、先頭車両だけでは成り立ちません。お客さんを十分に乗せることができるのも、速いスピードで目的地まで短時間で到着できるのも、先頭車両の後ろに続いている客車や動力車の力です。それらの車両が先頭車両と一緒に走ってくれないことには、新幹線とは名乗れません。

組織も同じです。新幹線の先頭車両は、会社でいえば経営者です。部署の部長や課長などもそうです。小さなコミュニティでいえば、直属の上司にも当てはまります。

上に立つ人間は一番目立つし、舵取りの役目を果たしますが、その後に続いてくれる社員や、動力となってくれる部下がいなければ、組織として成り立たないのです。

これは政治家と官僚の関係にも似たところがあります。

私は実際、官僚の方とお会いする機会もありますが、彼らの大半は日本という国をよりよくしようと考え、努力しているのです。もちろん、私心を優先し、自分の利益しか顧みない官僚が一部にはいるのも残念ながら事実ですが、そういう人たちは徹底的にはじき出し、再発防止策を講じればいいだけのことです。政治家がそのために腐心するのであれば、それは正しいことです。

そうではなく、官僚が国を支える力となっていることに変わりはないのですから、敵対するのは意味がありません。国政を冬の富士山にたとえるなら、国会議員たちはいわば雪をかぶった山頂のようなものです。とても美しく目立ちますが、それはその下に官僚という広大な裾野が広がっているからに他なりません。本当なら、「国のために頑張ってくれ。

支えてくれ」と官僚に伝えるべきなのに、今の政治家たちは官僚を敵対する相手としてとらえているから、当然そっぽを向かれ、足場から崩れていこうとしています。

私は何も、官僚を重用すべしといいたいのではないので誤解しないでください。上に立つ者として、下の人間と敵対関係を築くことの愚かしさを、若い人に知ってもらいたいだけです。


社長が部下のことを抵抗勢力と呼んでおきながらチームとしていいパフォーマンスができるかというと、それは大きな疑問です。あとに続く人たちを「ついていこう」「努力しよう」「行動しよう」という気にさせるのは、先に立つ経営者や上司の「伝える力」に他なりません。情報を共有しようとする姿勢、それを実現する実際の行動や言葉、また解決策や結論を周知させるためのコミュニケーションのあり方が、伝える力となります。

それができる人が「伝える力のある人」です。そして人の上に立つリーダーとしてふさわしいのは、この「伝える力」を備えている人なのです。

情報収集に熱心な人

いい話も、悪い話も耳に入ってきているか？

先にも述べましたが、会社や、社員にとって重要なキーワードは「徹底度」です。

仕事は徹底度で決まります。

仕事をしていて、目についたこと、気がついたこと、気にかかったもの、他人に依頼してあること、手元にある仕事の山、以前起こった問題に対する再発防止策など、とにかくありとあらゆることに徹底して手を打つのです。

これは無条件に必要なことです。

一つでも放っておけば、どこかしらにまずいことが起こります。

また、それぞれの仕事に対する「処理レベル」は、その人の持つ一定レベルを常に維持することが肝心です。そして、「処理レベル」が一定であれば、仕事の出来を左右するのは「処理スピード」です。

仕事の善し悪しは、スピードをいかにアップし、いかに多くの仕事を処理するかにかかってきます。

できるだけ多くの仕事に取り組むためには、いくつかのポイントがあります。

もし時間に余裕がないのなら、「緊急度」に合わせて仕事を処理していきます。明日までの「デッドライン」がついている五〇〇円の仕事と、締め切りが一週間先である五〇〇〇万円の仕事であれば、五〇〇〇万円の仕事より、五〇〇〇円の仕事を優先するのです。

「重要度」ではなく「緊急度」によって物事の順番を決めるのが基本です。

もし時間の余裕があるなら、前倒しで次々に仕事を処理していきます。どんどん前倒しして、すべての懸案事項に手をつけるのが理想です。

その中には、当然ですが「情報収集」も入っています。情報収集を怠るなど、あってはならないことです。そして、やるべき情報収集は徹底的にやらなければいけません。

たとえば、二〇〇〇年代の前半、トリンプの社長を務めていた時代、私は雑誌で得た情報をもとに何億円もの損害を被るのを免れたことがありました。

当時は、大手百貨店やスーパーが次々に経営破綻に追い込まれていました。その煽りを食って繊維産業も大打撃を受け、億単位の損失を出す企業も少なくなかったのです。しかし、トリンプはその危機を免れました。

なぜなら、そうした事態を予期し、ある週刊誌で得た情報を活用して「倒産対策」を打ってあったからです。トリンプは、取引先の倒産による貸し倒れ損失を防ぐ「取引信用保険」という、その当時まだよく知られていなかった保険に加入していたことで、一円の損も出さずに済みました。

情報収集を怠らず、現場の中にいて神経をとがらせていれば、「変化の兆候」に気づくことができます。そして、必要な情報が適宜入ってくるように、いわゆるアンテナを張っておけば、時間的な余裕を持ってリスクを取らずに対策を練ることができるのです。

だから仕事ができる社員は、常に情報のアンテナを張っています。

先の例にしてもそうです。繊維業界で取引信用保険に加入していたのは、トリンプだけでした。当時は、損失を出さなかったことで方々から事情を聞かれたものです。種明かしをすれば「雑誌で見た」というだけのことで、先を予測することはそれほど難しいことではなかったと、私は思っています。

もっとも、この保険は年間数千万円の保険料がかかります。その代わり、取引先が倒産すれば何億もの保険金が入ってくるわけです。

もしかしたら当時、「次々と倒産しそうだ」「取引信用保険という保険がある」という情報を持っていた経営者はいたかもしれません。けれど、知っているだけで終わってしまっては、せっかくの情報も意味をなさなくなってしまいます。「年間数千万円を支払って加入する」という判断があって初めて、情報は活用されたことになるのです。

徹底的に情報を集めた後は徹底的に実行することです。

中途半端に終われば、結果的には情報収集をしないのと同じことになります。

情報収集もやるなら徹底的にやるのが、仕事ができる人であるはずなのです。

人脈がある人、ない人
「また会いたい」と思われる人の共通点

「人脈」という言葉は、人によってとらえ方に違いがあるようです。

最も勘違いしてはいけない点は、人脈は「双方向の流れ」で培われるものだということ。一方通行では人脈とはいえません。

つまり、一度だけパーティーで話したことがあるとか、名刺交換しただけとか、「自分はあの人を知っている」、でも相手のほうが覚えてくれているかどうかはわかりません、というのでは人脈ではないのです。

しかし、人脈というと、この一方通行の認識を指すことが多く、有名な人や地位のある人を知っていると発言することによって、自分の立場をよくしようと意図する人は少なくありません。

人脈と呼べる間柄にある二人は、「ギブ&テイク」の関係に立っていることが基本です。

一方的に頼ったり、頼られたりするのは、人脈ではないのです。たとえば、二人でお酒を酌み交わしながら、お互いに有益で豊富な話題について話し合い、また興味のある情報を提供し合えるようなら、それはとてもいい関係です。もし逆に、相手が話に乗ってこようとしないのなら、その人はあなたのことを「仕事上で有用な人ではない」、あるいは「それなりのレベルを持った人ではない」と見ているからかもしれません。

周りから認められるだけの実力や魅力が自分にどの程度あるのか、一度考えてみてください。仕事を辞めたとき、その現実に直面する人は多いようです。「○○社の部長」「△△社の課長」といった肩書きが消えたとき、突然、自分本来の実力や魅力がどの程度なのか、その現実を突きつけられます。付き合いのあった人からのお誘いがぱたりと途絶えたり、こちらから声をかけてもあれこれ理由をつけられて断られたりすることが頻繁になるからです。

逆の立場に立って考えてみるとよくわかります。退職して半年経った元上司から食事のお誘いが来たとき、恩があるのはわかっていても、たまたま何かの仕事が入っていたりすると、「仕事が忙しいから」という理由で断ることにそれほど良心の呵責を感じないのではないでしょうか。相手を軽んじるとか、恩を忘れるとかいうことではなく、仕事から離れてしまった人と、現役で頑張り続けている人とでは、優先されることや、メリットに思えることが違ってくるのです。これは仕方のないことです。

アリストテレスは「人間とは社会的動物である」といいました。人は社会の中で自分に与えられた役割を果たしていきますが、そうしながら各人のキャパシティをきちんと確認しているものです。対等に付き合える相手かどうかを無意識に見極めています。

つまり、本来「人脈」とは、意図的につくるものではなく、自然とつくられるものです。相手に人脈として足る人物として認められるためには、人脈をつくるためにパーティーへ足繁く通ったり、ツテをたどって紹介を受けたりする以前に、自分を磨き、自分の立場をつくることから始めてみましょう。

より高いレベルの人脈を求めるのなら、それ相応の人たちから求められるようなレベルまで自分を育てることです。

ここから始めるのが、結局は一番の近道になるのです。

人を上手に使える人

結果が伴っていない人に説得力なし

上司という立場であれば、部下に指示を出し、命令することは日常です。

ただし、「こうしろ」というだけで仕事がうまく回っていくものではありません。

その指示が明確でわかりやすく、つまりロジックに適っているものであり、誰でも従うことに躊躇《ちゅうちょ》せずにフォローできるものであることが重要です。さらには上司の指示に従うことで、いつもよりよい結果を出せることが次第に明らかになっていけば、リーダーとしての役割を果たしていることになります。

リーダーとは、そうでなければならないのです。

部下は、最初は上司の指示や命令に反発することがあっても、「上司のいう通りにやればいつもうまくいく」という成果が伴えば、次第に上司の言葉に耳を傾け、指示された方向へとスムーズに動くようになるものです。

このとき、指示を出す立場の人間が絶対に忘れてはならないことは、出した指示が正しかったから結果につながったとしても、その仕事を完成させたのは、指示された部下のたゆまない努力があってこそであるという事実です。

アイデアであろうと指示であろうと、そのひらめきは成功における一パーセントに過ぎず、残り九九パーセントの努力こそが重要だからです。だから、部下たちの努力の価値こそ認められるべきなのです。

世の中では、「部下はほめて伸ばすのが大事」などとまことしやかにいわれていますが、いつでもどんなことでもほめる上司がいくらほめてみたところで、優秀な部下はそんな言葉などそれほど期待していません。

努力が報われるのは、成功そのものによる達成感に自分自身がひたる瞬間です。努力が大きければ大きいほど、達成感も大きくなります。また、上司に限らず周りからの賞賛を得られると、努力を認められたと感じます。

こうして、上司についていけばいい結果に結びつくと部下が確信できると、しっかりとした上下関係が築かれることになります。

日本で〝上下関係〟というと、義理・人情・浪花節――略してGNNと私は呼んでいますが、これらを重んじる風潮があります。たしかにGNNが根本にあることは素晴らしいのですが、単にそれだけで結びついた関係ではなく、お互いの「信頼」の上に成り立つ関係こそ、真にあるべき上下関係です。

信頼関係は、「上司の指示」と、それを受けた「部下の努力」、そして努力の結果の「成功」という一連の流れが繰り返される中で出来上がっていきます。上司は、出した指示が「いい結果」につながって初めて「指示する力がある」と認められるのです。

指示通り部下が動き始めたら、上司がすべきことは、その仕事の結果が出るまで決してあきらめないことです。部下があきらめることも許してはいけません。部下は内心あきらめていても、上司があきらめなければやり切らざるを得なくなります。最終的に結果につながれば、部下と上司の間に強い信頼関係が築かれるでしょう。

これを繰り返していけば、いったん指示を出した後は部下に任せてしまっても、部下はあきらめずにきちんとやり切ってくれるようになります。上下関係としてはベストの状態です。もちろん、そこに行き着くまでには時間がかかるものですが、かけた分だけ強固でブレない信頼関係が築かれていくはずです。
結果を伴ってこその「指示する力」です。
それを心得ているのが真のリーダーです。
そして、若いビジネスマンが目指すべきリーダー像です。

人をおだてるのがうまい人

相手をほめる前に、考えておきたいこと

お世辞をいって相手に媚びることで、自分のために何かを得ようとするのは間違っています。なぜなら、「私心」が入り込んでくるからです。

だからといって、何が何でもお世辞がダメだというわけではありません。仕事ができる社員は、お世辞をうまく使うことで、いい方向へ物事を運ばせることがあります。たとえば、お世辞をいうことによって、相手が間違った方向へ進もうとしていたのを、正しい方向へと軌道修正できるような場合です。

能力がある人でも、ときに取り組み方を間違えて、目的とは明後日の方向へと突き進んでしまうことがあります。Aさんは実力があり、全社的に新しい商品導入のマーケティング計画を考えてもらいたいときに、既存の売り上げの少ない商品の売り出し方について一

生懸命考えている——こういう状態は、会社にとってはかなりの損失です。そこで、

「どうすればAさんのようにいい企画が浮かぶのでしょうか」

「新しい企画がなかなか出てこなくて、Aさん力を貸してくれませんか」

といって、Aさんが「しょうがないな」と自分の時間を新しい商品のマーケティング計画に振り向けてくれたら、それは正しいお世辞の使い方といえます。そのうえさらに、

「やっぱりAさんの企画は違いますね」

などともう一押しすれば、さらにAさんは正しい目的に近づいていくでしょう。このような使い方ができるのであれば、お世辞は立派な武器になり得るのです。

しかし、お世辞の効果が自分のところだけに戻ってきて、またそう期待しているのなら、それは正しい使い方といえません。誰かに助けてもらいたいとか、自分が楽をしたい、得したいといった私心からではなく、会社が目指す目的に向かって全員が一緒に動いている中で、誰かをいい方向に向かわせることができるときは、お世辞を上手に使うこともあっていいと思うのです。

ただし、例外もあります。お世辞をいう相手のAさんが、自分の部下である場合はこれ

に当てはまりません。部下という立場にある人は、自分で習い、自分で育っていくべきです。もし部下が進むべき方向を間違っていたら、上司はおだててその気にさせるのではなく、「やるべきことを間違っているから、方向転換しなさい」と教えるべきであり、これは単なる指示です。方向転換した後、その結果が上司の予想程度のものであれば単にやってくれたことに対するお礼を伝え、逆にその結果が予想を大きく超えた場合には、うわべだけでほめるのではなく、心から賞賛してください。

「やってみせ、いって聞かせて、させてみて、ほめてやらねば人は動かじ」とは山本五十六の言葉ですが、私は、本当はもっと厳しいものであるべきと思っています。厳しい関係にないところでは、見苦しい傷の舐め合いが始まってしまうのはよくあることです。リーダーは部下にお世辞をいってはいけません。部下も、それを期待してはいけません。上司は部下に指示し、心を込めて賞賛するのです。

自分が得をするためではなく、周りの人や会社自体が得をするためにお世辞を使い分けられるのが仕事のできる社員です。どんなときも決して私心に走らないこと。それが仕事の鉄則なのです。

自分の権利を主張する人

「今いうべきことか」を冷静に見極めよ

「権利」とは、立場の弱い人が主張するものです。社会的弱者に対しては、本来は必然として認められるべきものでしょう。一般的な社会において、そういった立場にある人を助けていくという意味では、弱者が主張するまでもなくセーフティネットの仕組みとして差し伸べられるものではないかと思います。

しかし、これを「会社」に置き換えると、この考え方はそぐわなくなります。採用試験を経て一種選ばれた人たちだけで構成される会社の中においては、何度も繰り返しお話ししてきた通り、厳しい競争がその根源にあります。あくまで競争によってすべてが決まるのです。

ですから、競争に負けそうになったからといって、いわゆる「自分の権利」を主張されても会社は困ってしまいます。

「自立した個」を持った人が集まってつくり上げたチームによって目標を達成しつつ、お互いのモラルを上げ、さらに高い目標を目指して進んでいくのが、会社という組織です。そこに、まったく次元が違うベクトルの「自分の権利」を持ち出しても、害になることはあっても、チームの向上にもモラルアップにも、プラスに働くことは決してありません。

だから有能な社員は、無闇に権利を主張したりしないのです。

極端な例を挙げれば、会社が不況にあえいでいるときに、権利を持ち出してきて、賃上げ要求することが会社全体のためになるのか、ひいては本当に自分のためになるのかというと、決してそうではないと思います。

当然の権利だと思うかもしれませんが、苦しいときを乗り越えるために、社長も社員も協力し合っていこうとする士気を高める必要があるときに、それを失わせるであろうことは否定できません。

海外では労働組合が強いため、ストライキが起こることも珍しくありません。せっかく海外旅行へ行ったのに、電車や飛行機がストライキ中で移動もままならなかったという経験のある方も、少なくないのではないでしょうか。

私も妻の故郷であるフランスへよく足を運びますが、あるとき、パリからニースへ飛ぼうとしたところ、ストライキ中で飛行機の発着がほとんどない状態でした。そこでレンタカーを借りようとしたところ、半径二〇〇キロ圏内には借りられるレンタカーがすでに一台もなかったのです。結局、しばらく友人の家に泊めてもらうはめになりました。

もちろん、労働環境や条件によっては、不当な扱いを受け、権利を主張すべき場合もあるでしょう。あらゆる環境は悪くないのに、業績が下がり、自分たちの給料がみるみる下がっていくような事態になれば、それは許されないことであり、経営者の実力が疑われる事態であると思います。

ただ、一般的なレベルの労働環境にある人たちが、他人に迷惑をかけてまで権利を主張することが、本当に正しいのでしょうか。

日本では、労働組合の無闇な権利の主張がなされるようなことはめったになくなっており、とても幸いなことだと思います。

現場の仕事のレベルにおいて、もっと自分の権利を主張したいと考えたときは、一呼吸おいて冷静になってください。

そして、その主張がチームワークの邪魔にならないか、モラルの低下につながらないか、そもそも競争を基本とする会社の中で主張するのに正当な権利なのか、客観的に自分自身を省みてほしいと思います。

権利を主張することが悪いのではありません。主張していい場なのか、ふさわしい内容なのか見極めることができるかどうかが、仕事のできる社員かそうでないかの差なのです。

女性社員に好かれる人

「優しく」するより、「信頼」してやれ

私は、相手が女性社員だからと特に気にしたことはありません。優秀で仕事をきちんとこなしてくれると信用しています。要求すべきことは、臆することなく要求してくるのも女性のいいところです。

では、女性社員はどのような目で周りを見ているのでしょう。

私の観察した限りで申し上げれば、世のビジネスウーマンたちは、こちらが信頼を込めて接していれば、こちらに対しても必然そういった扱いをしてくれるものです。

その一方で、女性は上司なり同僚なりに対して、相手がすべきことを明確にわかっていて、自分の領分をきちんとこなしていない場合は、ストレートに不満を向けるようです。そういう意味では女性は自分にも相手にも厳しく、それはとてもいいことであると思います。仕事というのは、上司であろうと、部下であろうと、同僚であろうと、お互い厳しく

なければいけません。厳しくあることが正しいのであり、そうあるべきと判断して受け入れる姿勢を持つべきです。

先にも紹介しましたが、日本経済新聞の記事によると二〇一一年新卒女性の大半は、ワーク・ライフ・バランスを非常に重視しているというアンケート結果が出ています。ワーク・ライフ・バランスを意識できない人は、仕事のできない人だと私は思っています。

逆に仕事ができる人でないと、ワーク・ライフ・バランスは取れないということも真です。仕事とそれ以外の生活のバランスが取れるということは、要するこれまで説明してきたような段取り力や集中力、仕事のデッドラインを引けるかといったところの延長線上にあるものだからです。

たとえば、仕事に自主的に「がんばるタイム」を取り入れたり、始業時刻より前に出社したりすることで集中力を上げるなど、自分の考えを持って仕事に向かうことが重要です。周りに流され、仕事が終わらず残業するようでは仕事ができる人にはなれません。

そして女性の多くは、「ワーク・ライフ・バランスが取れる人＝仕事のできる人」という図式を本能的に知っています。ですから、「残業すべき」とか「上司より先に帰るとは何事だ」などと、それに逆行するような主張をする男性は絶対的に嫌われるのです。女性にしてみれば、「こんな簡単なこともわからないなんて」というわけです。

つるはしで仕事をするような昔の仕事の仕方を推奨していると、女性は辞めていかざるを得なくなりますし、会社や上司への不満も増えるでしょう。会社はたとえば「ノー残業デー」を積極的に導入するなどしていかなければ、これからの時代、女性社員にそっぽを向かれる可能性もあります。実際に「ノー残業デー」を導入してみて気づいたのは、ダラダラと残業したがるのは男性に多いのです。女性はそこのところは割り切って定時でさっと帰っていきます。

相手が女性だからといって、遠慮する必要も媚びる必要もなく、ただ当たり前に人として向き合っていけば問題はありません。そのうえで、女性ならではのいいところ、正しいところを正当に認め、積極的に取り入れていけば、こちらにもいい影響を与えてくれるものです。そうした柔軟な姿勢を持てるのも、有能な社員、一流のリーダーには必要な資質といえます。

6章 こんな「性格」をしている人

Why Some People Succeed at Work and Others Fail

自分にも他人にも厳しい人

リーダーに必要な「四つのE」とは?

アメリカのゼネラル・エレクトリック社の前CEOジャック・ウェルチは、「リーダーは四つのEを持たなければいけない」といっています。

①Energyに満ちていること。
②Energize、つまり周囲を元気づけて行動させること。
③Edge、つまり困難な判断を下せること。
④Execute、いい結果を出せる実行力のあること。

この中でも、三つ目の「Edge(エッジ)」に私は注目しました。
もともとエッジとは「刃」という意味であり、より的確に表現するなら、「厳しさ」そのものということです。

彼の真意は私にはわかりませんが、私なりの理解をするならば、まずは自分に対しての厳しさであり、そのうえで会社にとって正しいと思えるならばどのような厳しい結論でもそれを実行に移せることをいっているのだと思います。

エッジという言葉を、そのように理解してよいということなら、ジャック・ウェルチのこの言葉は非常に正しいと思います。

特に経営者の場合、私もそうでしたが、社員のクビを切らなければならないことさえままあります。たとえば、会社の規則に大きく違反して犯罪ともいえる行為を行なった社員をそのままにしておくことは後々問題となりますから、そういった場合には、会社を自主的に辞めてもらうか辞めさせるか、二つに一つの選択肢しかありません。

そういうときに「自主的に辞めてもらう」のか、あるいは強制的に「辞めさせる」のかといった厳しい判断ができることも上に立つ人間には必要な能力です。

ただ、単に「解雇します」といい渡して終わるというのではあまりにもさびしい話で、必然、その解雇をいい渡す正当性なり納得性がその裏になければなりませんし、相手にもその意味が伝わるよう努力しなければいけません。

厳しい状況の中でも、物事をうまくまとめられるのが真のリーダーです。そして、このことは、一流のビジネスマンを目指す若い人に、ぜひ心得ておいてほしいことです。

私がトリンプの社長を務めていたとき、二カ所の工場を閉鎖したことがあります。中国での生産が主流になり始め、人件費から見ても日本での生産は無理であると判断せざるを得なかったときでした。

私は工場へ出向き、そこで働いている全員から退職願を手渡しで受け取りました。どちらも二、三時間かけて、一方の工場で七、八〇人、もう一方で一五〇人近くの社員から受け取ったのです。なぜ辞めていただかなければいけないのか、ごまかさずに会社の現状を詳しく説明し、工場の将来がないことを説明して、条件を提示したうえで、「申し訳ないがお辞めいただけたらと思います」ときちんとお話をすると、みなさん了解してくださいました。病欠していた社員にも、その当日の午後には説明に上がり、納得していただきました。

条件、というのは、再就職先のことも含みます。一人につき三カ所くらいの候補先を紹介させていただきました。仕事が変わるというのは非常に大きなストレスがかかりますから、辞めていただくというのは、なければ一番いいことです。しかし、会社経営を何十年も続けていれば必然としてそういった事態が起こります。

会社そのものの業績が悪くなり、そのために従業員に辞めてもらうことになったなら、トップとしては、当然のことながら会社の業績をそこまで悪くしてしまったことに対する責任を取らなければなりません。

世の中には、部下のクビだけを切って自分は生き延びようとするトップもいますが、それはリーダーとして許されないと思うのです。

日本では「徳（virtue）」とか「品性」という言葉があまり使われなくなってきていますが、こういったものが身についていない人がリーダーとなって人の上に立つと、下の人はとても気の毒なことになります。

要するに、日本企業でリーダーとなる人の中には、「私利私欲」を隠しながらもずっと持ち続けているような人が多く、残念ながらそういった人が上へいくような会社は間違いなくまずい方向へ進んでいくのです。

というのも、会社の仕事において「いい判断ができる」とは、「会社のためにベストな結論を出せる」ことを指し、そこに私心が入ってはいけないからです。仮に五〇億円かかろうが、その投資が正しいと判断できたら、それを推していけるのが真のリーダーであり、若いビジネスマンに目指してほしいリーダー像です。

社風に染まる人、染まらない人

「落ちこぼれる社員」はここでわかる

人間は「性善」か「性悪」かといった論争がしばしばありますが、一九九〇年代に入ってから「性弱説」――人の心の弱さが過ちをもたらす、という考え方が登場しました。性悪説に基づいて「魔がささないシステムをつくれ」というのはさびしいものです。ですから、一万円札が何十枚も何百枚も転がっていたら、「一枚くらい盗ってもわからないだろう」と思うのが人間であるということを前提にして、だからこそ会社は「性弱説」に対して厳しく取り締まるシステムをつくらなければいけない、という考え方は、稲盛和夫さんなどがよくいっていることだということは、先にも述べました。

もし、そうしたシステムが整わないところで犯罪者をつくってしまったとしたら、それは会社が悪いのです。

システムが整ったうえで、ある程度フリーな環境にして社員の能力や人格を見ることで、人選・スクリーニングを行なうことができます。この段階で落ちこぼれる社員は実に多く、実際に私の会社にも「空出張」などを隠れてやっていた社員がいました。たいした金額ではないわずかなお金をごまかしていたのが発覚してクビになった社員も何人かいます。たまたま、そういった人たちはみんな、中途入社で入ってきた人たちでしたので、その後は新卒を育てていく方向に採用の主体を変えていきました。

そう考えると、「社風」や「会社のシステム」に染まれるか、という点も、一流の社員に必須の条件といえます。もともとある社風に自分を慣らしていき、きちんとした規則、ルールにならって、正しく一〇〇パーセントフォローすることができる——。

このような形でフォロワーシップを学んだ後、責任を持たされ、ある程度自由に仕事ができる立場に立ったときにも、自分を律してルールをきちんと守ることができれば、最終的にその人の中には会社が求める「徳」や「品性」が出来上がっていきます。これらに裏づけされていないリーダーシップは、本当のリーダーシップとはいえません。

一度決めたことは最後までやる人

「悪い奴ほどよく眠る」人になれ

たとえば、家を建てるとき、必要な設計図は積めば一〇センチもの厚さになります。わが家を建てたときもそうでした。そして、綿密な計算のもと、何から何まで事細かに全部決められ、書き込まれていて、設計図がどんなに完璧を期してあっても、実行段階で必ず修正が入るものです。実際に家を建て始めてからではないと見えてこない問題や改善点が多々あるのです。

やってみるとわかる。
やってみると、おかしいところがわかってくる。
わかったら、すぐに直してしまえばいい。
これが、「権限と責任を現場に任せる」ということに他なりません。逆にいえば、やってみないとわからないことは多々あるのだから、現場で常に判断して、やってみて、それでダメなら直すのが一番早くて確実なのです。そういった判断を繰り返していくと、物事の進むスピードは速くなります。

どんなに完璧に計画しても、必ず修正が入ります。修正が入るのは構わないのですが、同じような修正が繰り返し行なわれるようであれば、「反省会」をやって再発防止策を打つ必要が出てきます。

この「反省会」は非常に重要です。しかし、実際にこれをやる会社はほとんどありません。反省会では、それぞれの部署、あるいは各部門がしでかした間違いや失敗をほじくり返します。

当然、なぜそう判断したのか、なぜそんなことをしたのかという話になるのですが、ほとんどの会社や社員は間違いや失敗をオープンに話せない体質から抜け出せずに、反省会が機能しなくなります。

考えてもみてください。あなたは会社の会議で、他部署、他部門の失敗や間違いを、徹底的に追及できますか？　自分の部署のミスをその場にさらせますか？　たいていは「こんなことをいうと失礼にあたるから」と遠慮したり、「わざわざミスしたとバラすことはないだろう」と躊躇したりで、反省会は中途半端になってしまうか、そもそも反省会など開かれなくなってしまうのです。

たとえば、私の提唱する「残業ゼロ」という考え方にならおうとする会社は、どこもたいてい「ノー残業デー」を設置します。「うちもノー残業デーやっていますよ」とアピールして、その先どうなるかというと、それで終わってしまうのです。

なぜなら「この日は残業しない」という決定に対して徹底したフォローをしないからです。残業を申請すれば残業していい、ではいけません。「ノー残業デー」に残業をしなければいけなくなった理由を見つけ出して、その再発防止策を打たねばなりません。それを行なうのが反省会です。

何度もいうように、会社のレベルは、すべて「徹底度」で決まります。

もちろん、社員のレベルも「徹底度」で決まります。

ノー残業デー自体も、「できるだけ残業はしないように」といった程度の指示でお茶を濁すのであれば、やるべきではありません。残業した人が出た部署には反省会を求め、再発防止策を提出させて制度を徹底しなければ、なし崩し的に元に戻ってしまいます。

私は、残業した部署に対しては、反省会を行なうことと、再発防止策を提出することを必ず求めました。社長の私宛に直接提出された再発防止策には徹底的に修正を入れ、「て・に・を・は」にまで赤字を入れて、何度も何度もやり直させました。

すると社員はいい加減に頭にきて、「うちの社長はこんなことまでさせて何を考えてんだ！」「もう二度と残業なんかするか！」となるわけです。

それこそが、私の狙いでした。「社長はわがままだ」とか、「この上司はイヤな奴だ」と思われていい、と割り切るのです。部下に好かれようとする上司より、会社が一度決めたことを最後まで徹底してやるためなら部下に嫌われるのもいとわない上司のほうが、会社にとってはよほど重要な人です。


上に立つ人が部下に好かれることなど、ない、と思ったほうがいいでしょう。

上司になったら「悪い奴ほどよく眠る」といわれるようになるべきです。

それでも結果を出すことによって、部下はすべての悪感情を癒すことができます。

リーダーは結果を出して初めて価値が認められます。

そして、失敗をオープンにすることは、その後の成功の確率を高めるために必要不可欠であり、優秀な人はそれを知っているから、ミスを隠したりごまかしたりは決してしないのです。

自分の頭で考えられる人

感覚だけで仕事をしている人の落とし穴

先にも述べましたが、リーダーシップとは、「分析力」「常識力」、そして「判断力」の三つがそろっていることです。これは、アメリカの軍隊でもいわれていることですが、分析力を発揮したうえで、常識を持って判断することがリーダーには不可欠とされています。つまり、判断とは当たり前の常識に基づいて行なうものであって、特殊な知識や感覚は特に必要ないということなのです。

しかし、よくよく考えてみれば、私たちの生活は、朝起きて夜寝るまで、「判断→実行」することの連続ではないでしょうか。朝起きて、歯を磨き、トイレへ行って、朝食を食べて、駅まで歩いて、電車に乗って会社に行くといったいつもの行動は、無意識のうちに行なわれているようですが、実際にはそれぞれに対して判断が下されています。しかし、すでにルーチン化されている行為であるため、人はそれを意識しません。

いい換えるならルーチン化とは、前項でも述べた「反省会」を何度も行なった結果なのです。ルーチン化されたことはスムーズに早く済みますが、それは何度も繰り返してきたことであり、どうやるのが最善かがすでにわかっているため、一切「判断」をしなくて済むようになった結果なのです。

フランス人である私の妻に「何を食べたい？」と聞かれて「ソバかな」と答えると、妻は「なんで？」と理由を尋ねてきます。昨晩はちょっとヘビーな夕食だったから胃がもたれているのだと説明すると、「じゃあ、そうしよう」と納得します。

このように、本当ならどんな場合でも感覚的に物事を判断するのではなく、常に自分で一つひとつの物事を考え、判断しながら進めていかなければなりません。

もちろん、世間一般でいわれるように、経験を積めばスムーズに判断できるようにはなりますが、前例主義になりすぎると、状況が変わっても前例にこだわって失敗することがあります。

たとえば、オフィスの廊下にゴミが落ちているのに気づいたら、上司であろうと当然拾うべきです。ただ、拾って終わりではなく、総務に電話して、「昼の一時ごろ、廊下にゴミが落ちていた。なぜあそこにゴミが落ちていたんだ」と問い詰めなければなりません。実際、私はそうした電話をしていました。すると総務から、「お昼前にパートさんが一度見回っています。次に見回るのは、パートさんが食事から帰った後の午後二時くらいです」といった答えが返ってきました。

しかし考えてみれば、昼の休憩時間にこそ多くの人が歩き回るのですから、ゴミだって落ちる可能性が高いでしょう。それなら、午後一時の始業時間が始まるまで見回らせて、その後で昼食に行ってもらうのが一番、効率がいいはずです。これを説明して、「何か反論があるならいえ」とうながしたところ、「いえ、おっしゃる通りです」というので、翌日からパートさんに一時一〇分まで見回らせるように決めてもらいました。

こうして〝前例〟を見直すのも「反省会」の一つのやり方です。単にゴミを拾うだけではいけません。「あそこにゴミが落ちているぞ。拾っておけ」と指示するのも十分ではありません。その落ち方によほどの問題点があれば別ですが、そうでないなら、落ちているという事実だけでなく、ゴミが放置される状態を今後つくらないための対策まで考えようとする姿勢を持つのが重要です。

仕事ができる社員は、物事をロジカルに、自分の頭で考えるクセが身についています。「判断」は、ロジカルに考えることなしにできません。つまり、判断するクセをつければ、必然的にロジカルに物事を考えなくてはならなくなります。だから、すべていい方向へ進むのです。

「どうしたい？」と聞くのではなく、どうするのか、自分で考えてください。もし周りと意見が合わなかったら、それが「なぜ」なのかを自分の頭で考えることです。これも一種の「反省会」です。この習慣を繰り返していけば、必ず有能なビジネスマンとしての資質を身につけることができるはずです。

何でも自分でやろうとする人

「上司」ではなく「仕事」が部下を育てる

あなたが一人でも部下を持っているのなら、その部下が担当すべき仕事と権限を決め、決めたら部下が担当する仕事に手を出してはいけません。

また、自分でも担当を持つ「プレーイングマネージャー」的立場になろうとすることは避けてください。その分野に属する、すべての仕事を部下に割り振ることが重要なのです。

部下に仕事を任せないことには、物事はスムーズに進みません。何かを実行しようにも後れ後れになってしまいます。そうならないために、部下に権限を割り振って与えなければならないのです。

「部下に責任を負わせろ」

とは、よくいわれます。しかし、それは、権限を与えれば、権限を与えられた担当者が持つ責任感によって自動的に補完されるものです。

ただし、部下に与える仕事は、できるだけ大きなものにしてください。

仕事が人を育てます。

「上司が人を育てる」というのはあまりにおこがましいいい方です。

そう考える上司に限って、人を育てられません。育てるどころか、優秀な部下を自分と同等か自分より低いレベルに抑え込むような事態になりがちです。

仕事そのものが人を育てるのです。

だから、大きな仕事を与え、結果として部下がその仕事をうまくできずに崖下に転がり落ちていっても、手を差し伸べる必要などありません。上司は「ざまあみろ」「おまえなんかにできるわけないと思ったよ」と笑っていればいいのです。

それこそが人の上に立つための心得です。

部下がそこで「この野郎、負けるものか」と歯を食いしばって崖をよじ登ってきたとき、部下はその仕事に見合った力をつけたことになります。

大量の仕事を抱え込み、すべてを自分でさばく人が一流ではありません。ここをくれぐれも間違わないことです。

仕事を人に任せると同時に、権限も与えること――。

今リーダー的な立場にいる人も、そして、これから人の上に立つ有能なビジネスマンを目指す人も、それが結果的に人を育て、仕事の流れもスムーズにすることを知っておいてください。

短所を必死で直そうとする人

〝ムダな努力〟はしなくていい！

私は、自分の長所や短所について、あまり考えたことがありません。

そこで「性格の長所と短所」には一体どんなものがあるのかをちょっと調べてみました。普通に考えれば、両極端な性格があれば、どちらかが長所で、もう片方が短所になるはずなのですが、実際はどうもそうではないようです。

たとえば「人見知り」という性格も、それと正反対の「調子がよくて八方美人」という性格も、どちらも短所となってしまいます。

あるいは一つの性格であっても、片や「面倒見がいい」と長所としてとらえたり、「お節介」と短所としてとらえたりもしています。同じように「責任感が強い」に対して「一人で抱え込む」もあります。

つまり、一つの性格を両面から見て、いいとか悪いとかいっているのです。要するに、人間は誰でも自分の性格に悩んでいて、長所として考えてもいい性格を短所としてとらえてしまいます。ある側面に対して「面倒見がいい」という見方をするときもあれば、「お節介」ととらえたりもするのです。

そう考えると、どんな性格も欠点になり得ることになります。

それくらいなら、長所だの短所だのと考える必要はありません。短所を直そうなどという意味のない、ムダな努力はせず、むしろ「自分に自信を持つ」ことを優先してください。自信を持っていない人は、周りからも評価されないものです。また、本来自分が持っている実力も発揮できません。

ではどうやって自信を持てばいいのか。

長所も短所も関係なく、ただ「自分はこうなのだ」と割り切ればいいのです。ひどい欠点があって、それが問題を続けざまに引き起こすようなら、それは当然ながら直さなくてはいけません。ただ、その人が一般常識を持ち合わせている「普通の人」であるなら、必要以上に短所を気に病むことはないのです。

長所の裏返しが短所なのであり、つまり短所のない人がいたら、その人には長所もないことになります。ですから、短所だと決めつけて落ち込んだり、自分はダメだと思ったりする必要はありません。

ただ、長所であると同時に短所にもなり得る性格として、自分にどんなものが備わっているのかは、きちんと把握しておくようにしましょう。

把握しておけば、短所によって失敗しないように、自分で気をつけることができます。短所を無理に直そうとしなくても、長所を伸ばすことによって対処できることもあるでしょう。うっかり間違いを犯してしまったというレベルの話を自分の欠点としてとらえ、どうにかして欠点を直そうとあくせくするのは間違っています。

アバタもえくぼといわれますが、一流といわれる人は、「アバタもえくぼに見えてくるような人間」としての魅力があるものなのです。

プライドが高い人、低い人

「自己評価」は毒にも薬にもなる

一般的に「プライドが高い人」とは、その人が持っているあらゆる意味での「実力」と比べて、それ相応以上に自分で自分を評価したときに、生まれるものではないかと私は考えています。

虚栄のためのプライドなど、有能なビジネスマンは持ちません。日本語に訳せば「自尊心」という意味であり、何の役にも立たないからです。それは自分を尊ぶ心であり、言葉が表わすそのもののことです。

どのような場合においても、プライドとは他人に見せるものではありません。あるいは、見せてはいけないものといってもいいでしょう。

もっとも、プライドの高さを外にアピールするのではなく、自分に向けて発揮できるのであれば、意味があります。たとえば、自分自身のレベルを自覚し、そのうえで「プライドにかけても、仕事の結果をさらに上のレベルまで持っていく」というアプローチができるなら、それは自分を向上させる原動力になります。

また、プライドの高い人がいれば、低い人もいます。プライドが低い人というのは、その人に対する社会の評価に対して、自分の自身に対する評価が低いということで、自分を尊ぶのではなく、謙虚な心を持っている人です。

しかし、このプライドの低さが内に向いてしまうと問題となります。仕事の結果を出せなくてもたいして気にかけなかったり、反省しなかったりという態度を見せるのがこのタイプです。思わずこちらが「悔しくないのか」「お前にはプライドがないのか」とハッパをかけたくなるような人であり、向上心に欠けた無能な社員になりがちです。

要するに、「プライド」とは、それが向けられる対象によって意味合いが変わってきます。高いプライドを外に向ければ「自尊心」となりますが、自分自身に向ければ「向上心」を生み出します。

逆に、低いプライドは、周りに対する謙虚な姿勢となって現われるのなら一流の振る舞いとなりますが、自分自身に対するあきらめや向上心のなさにつながってしまうと、成長を阻害します。

高いプライドと、低いプライド——どちらも生かし方によっては、自分の「武器」になり得るのです。

7章 こんな「価値観」で動く人

Why Some People Succeed at Work and Others Fail

会社を利用しようとする人

「会社に勤めるのはゲームのようなものだ」

会社を自分のために利用しようとする人も、会社に利用されるのを受け入れる人も、どちらも愚かな判断をしているといわざるを得ません。そして、自分に利することを目的としてその会社に勤めることを選択してしまうと、結局は「会社を利用するか、会社に利用されるか」という結果になってしまいます。

会社に勤めるのなら、私心を無条件に排すことです。

仕事ができる社員は、会社と個人の関係は「一方通行」と心得えています。

個人は会社に対して与えるだけであり、それ以上もそれ以下もありません。

社員による一方通行の努力に対して、会社が何をしてくれるかといえば、唯一「対価」としての報酬を払ってくれます。逆にいえば、社員は対価――つまり、報酬以上の何かを会社に期待してはいけないのです。

会社という組織では、この考え方が絶対的な基本となります。社員はすべての判断に私心があってはいけないし、常に「会社のために」という視点に立ってベストな判断ができるようにならないといけません。それ以外の「何か」があってはいけないのです。

たとえば、「この決定をするとAさんとBさんには余計に仕事をやってもらうことになるけれど、全社的なメリットから考えて、どうしてもやってもらわなければいけない」とするのがベストな判断であって、このとき「Aさんが大変だから、この決定は見送ろう」などという私心が入ると、判断に間違いが生じます。

たとえるなら、あなたが自分の右手に荷物を持たせようとしたとき、右手が「いつも働いているんだから、勘弁してくれ。たまには左手を働かせてほしい」と要求してきたとしましょう。そこで左手に持たせようとしたら、左手にも「自分には筋肉もついてないし、それは重荷です。右手に持たせてください」と拒否されたらどうでしょう。脳が右手と左手の気持ちを慮っている限り、何も指示できません。

組織とは、トップダウンであることが大前提です。もちろん、右手にも左手にもそれなりの対応をする必要はありますが、組織全体から見て「右手が荷物を持つ」ことがベストな判断であれば、トップはそれを右手に実行させなければならないのです。

日本人は、これが非常に苦手です。

近年、海外で「ポリティカリーコレクト（politically correct）」という言葉がよく使われるようになりました。日本語訳すると「政治的に正しい」という意味で、要するに政治的に正しいのであれば、道理からいっておかしいことでも通ってしまうということです。

今の日本に当てはめてみると、よく理解できる話です。一例として、沖縄の米軍基地問題が挙げられます。

沖縄の方の様々な感情は察するに余りありますが、一方で、感情をあえて考慮せず、戦略的な面にのみ焦点を当てれば、沖縄という場所にはアジア方面を警戒するにあたり明らかに地の利があることは間違いないといわざるを得ません。アメリカが基地を置く場所として沖縄を選択するだけの理由はあるのです。

では、日本という国の国益に適うのはどのような判断なのでしょうか。国はその判断に基づいて物事を実行しなければならないのに、意志を示すことさえせず、やっきになって判断を先送りしようとしました。まさにポリティカリーコレクトのお手本のようなもので、恥ずべきことです。

企業も同じです。会社のためにベストな判断ができる体制でなければいけません。トップはもちろん、部長も課長も一般社員も、この意識を持つ必要があります。

日本人は滅私奉公に非常に長《た》けた国民性を持ち、ワークフォースとしては大変素晴らしいものを持っています。左手であっても、率先して右手と同じ役割を担おうとします。世界中探しても、残業代も払われないのに夜遅くまで働く国民など、日本人以外にいません。これは皮肉ではなく自慢していい美点であり、日本製品の品質・サービスの質の高さ、これまでの目覚ましい経済成長、生活の発展を実現してきた原動力でした。

しかし、物事が滅私奉公だけで成り立つかというと、そうではありません。日本が世界に後れを取っているのは、リーダークラスの人材が育たないという点なのです。滅私奉公の精神には価値があっても、それに徹しているだけではリーダーになることができません。滅私奉公しながらも、一方でリーダーシップのあり方を周りに習い、自分のリーダーとしての資質を磨いていかなければならないのです。

にもかかわらず、日本企業には、滅私奉公のままで終わってしまう人があまりにも多いようです。サッカー日本代表のザッケローニ監督は、日本人の国民性の核心をついた一言をいいました。いわく、「日本人の選手は、自分でカバンを持って歩く」。これこそ、うぬぼれず、私心を持たずにチームのことを第一義に考える滅私奉公の形そのものであり、日本人選手はそういった訓練はしっかりされているとザッケローニ監督は大変ほめています。

ただ、選手の上に立って戦略を考え、それをトップダウンで伝えていける人間が欠けているから、勝てないのです。

私は、「会社に勤める」ということはゲームのようなものだと考えています。これは、会社を辞めると強く感じられることです。ゲームのデータは、ゲーム機のリセットボタンを押せば一瞬で消えてなくなります。

それは仕事も同じです。長年勤めた会社でも、辞めて離れれば仕事を通してお付き合いのあった人や同僚との関係はぱたりと途切れます。人間関係だけではありません。定期券も、自分のデスクも、毎朝のルーチンもなくなり、給料も振り込まれなくなります。何から何までなくなる感覚は、経験してみないとわからないでしょう。

ただ、会社を辞めていく人があっという間に「過去の人」になる感覚は、おわかりいただけるのではないでしょうか。会社というゲームが進行し続ける中で、そこにいる人たちにとって、辞めた人はその瞬間から、それまでどんなに親しく、どんなに優秀だった人でも「過去の人」になっていきます。話題にのぼったとしても、「あの人も元気でやっているらしいよ」という程度の噂話でしかなくなるはずです。

そういう意味で、会社とは人生にとってはゲーム同様の、終了したら消えてなくなる「架空の空間」であるといえるかもしれません。

もちろん、人はそこで育ち磨かれる、まさに「道場のような場」でもありますが、最終的にその会社を辞めていった人に残されるものは、友達のような深い人間関係でも物理的なものでもなく、単にその間に手にすることができた「報酬」に尽きるのです。自分の人生との絡みでそれ以上の大きな意味を会社に求めると、あとでさびしい思いをすることになりますので、気をつけてください。

会社に勤めるという生活が終わった後の余生——私はこれを、本当の人生という意味で「本生《ほんなま》」と呼んでいます。会社に勤めることがゲームである以上、その間は会社員生活を十分に楽しみ、本生を楽しむための原資をつくっている、と割り切って考えたほうが正しいと思うのです。もちろん、ゲームである以上、誰にも負けてはならないことはいうまでもありません。

話を元に戻しますと、何をおいても会社においては私心があってはいけません。

会社の根幹をなすものはあくまでも「ロジック」です。ロジックという柱が屋台骨となって会社という組織を支えています。さらに、ロジックについての情報がすべての社員に対してオープンであり、かつ納得のいくもので構成され、それに基づきすべての事柄が決定されていなければなりません。

公正で公平なロジックが整然と積み上げられている状態が会社として正しいのであり、つまり会社とはとても厳しいものと心すべきです。厳しくなければならず、利用するとか利用されるなどと考えること自体、会社に甘えているのです。厳しくとも、一度形が出来上がってしまえば、社員も社長もそれに慣れていくものです。

そして、ロジックの柱を組み終えた後、義理、人情、浪花節——いわゆるＧＮＮが床板や壁紙や屋根となって会社という家を完成させます。ＧＮＮは「温かい血液」となって会社の中に流れていくべきものです。それが会社のあり方です。

「会社を利用する」

「会社に利用されている」

こう考えているなら、一流のレベルで物事を考えられていません。

特に若い人たちには、滅私奉公するだけで終わらない社員となるために、会社を「人生の道場」と心得て、もう一度修行し直す気持ちで仕事に向き合ってほしいものです。

仕事とプライベートをはっきり分ける人

ワーク・ライフ・バランスが「働き方」を変える

この本でもここまで何度が出てきましたが、「ワーク・ライフ・バランス」という言葉を最近よく聞くようになりました。

日本語に訳せば「仕事と私生活の調和」が取れることであり、仕事にやりがいや充実感が持てる一方で、仕事以外の生活においても生き方が選択できることが、重視されるようになっています。

これに当てはめて考えるなら、仕事とプライベートが分けられる人とは、ワークとライフの間に切れ目を入れられる人のことです。いわゆる「ライフ」とは、プライベートにつながります。つまり、仕事を遂行していくために欠かせない、健康維持のための睡眠と、家庭を充実させることです。

これらをないがしろにせず、そのための時間を確保できる人が、仕事とプライベートを分けられる人であり、ワーク・ライフ・バランスがうまく取れている人であり、仕事ができる人であるといえます。

なぜなら、仕事とプライベートを「分けられる」ということは、時間を区切る能力があるということだからです。具体的にいえば、週に三日は仕事を定時に終えて、残業せずにまっすぐ家に帰るといったことを、指示されなくとも自主的に行なえる人です。

ライフとワークを区切るという考え方ができるようになると、滅私奉公だけで終わることなく、優秀なビジネスマンになるための資質が育ちます。逆にいえば、意識的にライフとワークを区切ることができなければ、優秀なビジネスマンにはなれません。

ただし、ワークフォースとして働く人、フォロワーシップの中で働く人、つまり滅私奉公して働く必要のある人となると、残業を避けられないこともあるでしょう。

だからといって「仕方がない」とあきらめないでください。その状況から解放されるように意図的に努力しなければなりません。

「必要であれば残業する」という立場にあるなら、必要でない限りはきちんと定時で仕事を終えて帰るように徹底することが大切です。

「定時で帰る」という立場を周りに認めさせることができるのは、実力のある証拠でもあります。実力があり、結果を出していれば、自分の立場を望ましい形につくり上げることはできます。ひいては、「ワークとライフをできるだけ分けられる人」こそ望ましいという意識を、周りに広めていくことにつながっていくはずです。

仕事ができる社員ほど、仕事とプライベートをはっきり分けます。

分けられないか、分けられるかは、滅私奉公型で働き続けるか、それとも一流の社員となって人の上に立つ人間に成長できるかの分岐点です。


また、上司としての立場からいえば、「残業することは必ずしもいいことではない」という考え方を部下に伝えていく努力をしてほしいと思います。

滅私奉公し続けたまま、勤続年数が長いというだけで役職についてしまうと、「自分は昔からこれだけ残業してきたんだ」「上司が残業しているのに、部下が先に帰るとは何事か」などといいたくなるものです。

そういう上司は「部下も残業して当然」と考えるので、それを押しつけようとします。

自分も残業の積み重ねで上に上げてもらったようなものですから、それでいいと思っているし、方針を新しく変更するつもりもありません。変更したら何が起きるかわからないからです。自分の考え方や仕事の仕方が、否定される危険があります。それを恐れるあまり、「今まで通りにやるのだ」「前例にならうべき」と押しつけるのが、長年にわたって滅私奉公型で、ライフをないがしろにして仕事をしてきた人たちにありがちなアプローチです。

このような人が上に立ったら、部下にとっても会社にとっても、とても不幸なことといわざるを得ません。誰しもそんなリーダーにはなりたくないはずです。

「残業しない」と決めることで、定時までにその日のすべての仕事にケリをつけなければならなくなります。いわゆる「締め切り効果」が働き、効率よく集中して仕事をするようになります。「残業しない」ということは、単に時間がきたから帰るというものではないのです。これは会社にとってもそこで働く個人にとってもいいことですから、この仕事の仕方を早く自分のものにしてもらいたいと思います。これまでの自分の働き方を分析して、ワークとライフの線引きが曖昧になっているようなら、まずは週一日でも二日でもいいので毎週決まった曜日に定時で帰る習慣をつけることから始めてみましょう。

減点主義の人、加点主義の人

なぜ、同じ失敗を繰り返すのか？

減点主義か加点主義かという論争はいまだに聞かれますが、これらは日本の甘えの構造の中から出てくる言葉で、どちらもよくありません。こうした考え方がまかり通ってしまうこと自体が問題ではないでしょうか。

会社において公平性は最も重要です。

社員が会社との関係で得られる利とは報酬のみであることは、前にお話ししました。つまり、減点されるか加点されるかという考え方をするなら、それは報酬に反映されることになります。

その場合、仕事で成果を上げた人はどう考えるでしょうか？　おそらく「自分の努力が評価され、加点された」と思うはずです。当然給料も評価に比例するわけですが、フタを開けてみて「自分はあの人の二倍も三倍も仕事をしたのに、たった二〇〇〇円しか差がないじゃないか」となったら、ひどく不満に思うでしょう。

逆に、成果が出せなかった人は、「あまり結果は出せなかったけれど、あの人と給料は二〇〇〇円しか違わないのか」となれば、真剣に仕事をしなくなります。それなら、上司にゴマをすったほうがよほどいいと思ってしまうはずです。

つまり、減点か加点かというより、厳しくても公平であることが何より重要なのです。サッカーでも野球でも、結果が明確になるからこそ負けても、また次回に向けて手の打ちようがあります。運で左右される部分があるにせよ、明確なルールがあり公平であることが重要なのに、その審判を恣意的に変えてしまうのが減点、加点という考え方です。

ゆとり教育の一環として、幼稚園児や小学生の徒競走でゴール直前に全員立ち止まり、みんなで手をつないでゴールテープを切るなどということが行なわれました。これなどはひどく現実とかけ離れているように思います。

世の中は、競争の原理で成り立っていることを忘れてはいけません。過保護な無菌状態の中だけで競争のまねごとだけをして育つと、社会人になってから人生のかかった競争に勝ち残ることができなくなります。

競争するにあたって、その評価の基準が明確であり、公平であれば、不平不満をいう人はいないでしょう。もしその基準を恣意的に変えれば、社会のほんの一部で変わることになり、決していいこととはいえません。正しく加点もするが、減点もするのが正解のはずです。

ただ、一つだけつけ足しておきたいのは、より過酷な状況の中で働いている人が、一転して楽な環境に入ると、無条件にいい結果を出せるようになり競争に勝ち進んでいきます。ですから、仕事ができる社員になるためには、自分で自分を減点するくらいの心構えを持つことが必要です。

仕事でミスをしたのに評価が下がるのを免れることもあるでしょう。そこで安堵するのではなく、あえて自分にマイナス点をつけるのです。そして、どうすれば二度と同じ失敗を繰り返さずに済むか、マイナスをプラスにできるか反省して、いい方向へ持っていくための努力をしてください。

同僚や部下など周りの人が失敗をしたときも同じです。いちいちそれをなじっても得はありません。上司という立場になるとやりがちですが、責めても誰のメリットにもならないのです。失敗した人は、普通であれば、自分で深く反省しているはずなのです。

最も優先すべきは、緊急対策や再発防止策の検討にすぐ入ることです。失敗によって評価が下がらずに済んだとしても、自分の得にはなりません。失敗から何かを学び取れて初めて、得になります。

トラブルが起こったら「何が問題なのか」「それに対してどのような手を打てばいいのか」を真っ先に考える思考回路を身につけましょう。そして解決したら、次はなぜトラブルが起きたのか理由を追いかけて再発防止策を検討します。これが「失敗に習う」ということです。第三者がそれを教え導いてくれるまで待っているようでは、仕事ができる社員にはなれません。自分から率先して行なうべきことなのです。

本音で動く人、建前で動く人

会社は〝ここ〟からおかしくなり始める！

たとえば、会社で会議が行なわれるとき勘違いされがちなのですが、会議という場は議論によって相手を打ち負かすのが目的ではありません。「会社のために」という前提に立って、全員がお互いにどんなことでも意見できるのが正しい会議であって、反対意見をいう相手を論破したり、優劣を競ったりする場ではないのです。

何でも話せる企業風土を作ることは、経営者や上司にとって必須の課題であり、とても重要なことです。

そのために、次の四つの要素が必要になります。

Fairness ……公平性
Transparency ……透明性

Openness……オープンさ
Frankness……率直さ

会議では、何が会社のために最良で、正しいことなのかについて、「自分の立場」という角度ではなく、会社の一ファンクションとしての立場から考え、お互いの意見を交わさなければなりません。

「全体最適」という言葉が使われることもあります。つまり視野を広く持ち全体を見て最もいい選択をするのです。常に自分が会社という全体の中の一部分であるという立場に立って、物事を考えることが重要です。

そういう意味で仕事には、本音も建前もないのです。これまで何度も述べているように、「同じ情報を共有」すれば、「同じ結論に達する」ということがあくまでも基本にあります。だから、すべてが公平、透明、オープン、率直であれば、本音も建前も関係ありません。

「本音と建前」がまかり通るのは、まさに先にも述べた「ポリティカリーコレクト」の動きと同じです。本音を隠して建前で動いても、それでは全体から見ていい結果にはつながらないのです。

あくまで本音で動けることが大切であり、会社は社員が本音を率直に出せる体制を整えるべきです。「あの商品は質がよくない」とわかったらそれを正直にいえる環境、その上でよくないものはきちんと排除される仕組みが整っていることが絶対であり、「建前上、仕方がない」という考え方がまかり通るようではいけません。

社員もまた、本音を積極的に見せていく姿勢を持ってほしいと思います。会社が「こうあれ」と求めるまで待っていたりせず、自ら「こうあろう」としてください。立場は関係ありません。一〇年目の社員でも、新入社員でもそうあるべきです。


大切なのは、すべてをオープンに話し合うことです。隠そうとしても、いつか明るみに出ます。建前ばかりで取り繕っていても、必ず本音はバレます。いざ本音を隠していたことがわかれば、周りからの協力は得られなくなるでしょう。

これを避けるために日本でよく見られるのは、「本音ではAなんだけれど、建前上Bでいきます」というように、本音を明確にした上で実際は建前でやる、という流れです。

「本音ではAプランのほうを支持するけれど、スポンサーの意向でBプランでいくことになった」といった状況になることは珍しくないものです。

この場合、相手に本音が伝わっていることが肝心で、直接言葉として、あるいは心情的に本音を理解してもらった上で、諸般の事情により建前で行動します。これはGNN（義理・人情・浪花節）を引き出すことができるという意味では正解であり、周りからの応援も得られます。

何はともあれ、本音をわかってもらうことが出発点です。さらに、本音ですべてが実行できるようになると、会社の風土が改善されるきっかけとなることは間違いありません。

まずは、自分から本音を見せていきましょう。改善されるのを待つのではなく、改善しようと自ら動き出せる人は、仕事ができる人の資質を自分の中に育てていける人です。

目上の人と付き合う人、付き合わない人

仕事の話は職場で完結させるのが基本

目上の人と付き合うか、付き合わないかというとき、「付き合う」という言葉の意味合いをよくかみ砕いて考える必要がありそうです。もし「会社の延長線上の付き合い」ということであれば、付き合う相手によって選択すべきです。

チームや組織は大きく二つのタイプに分けられます。

一つは、自分も含め周りが「埋没した個」ばかりであり、チームワークのみを標榜して傷の舐め合いばかりしている場合です。

日本人の精神構造は滅私奉公型であり、周りも組織もそうなりがちです。埋没した個をよしとしている限り、リーダーを育てる環境をつくれないので、そもそもリーダーが存在しません。社員や部下が「早く辞めてくれないかな」と思うような上司や経営者ばかりに

なってしまいます。

もう一つのタイプは、「自立した個」同士が集まってチームワークをつくっている場合です。自立した個の集まるチームや組織には、立派なリーダーが存在する可能性が非常に高くなります。「自立した個」である優秀な部下であれば、それだけのリーダーシップを持ったリーダーにのみ従うことになります。

逆に、埋没した個の集団の中にいるリーダーは、部下によって御神輿に担がれたような立場です。自分では特別何もできません。

しかし、本来ならばチームが正しい方向へ行くためには、進むべき方向を指し示し、先頭に立って引っ張っていくリーダーが欠かせません。そういったリーダーのいない集団は方向性を見失い、烏合の衆となり果てます。

傾向として、海外で仕事をした経験のある人は、自立した個としての考え方を身につけることができる可能性が高いようです。ですから私は常々、若いうちから海外へ飛び出すことの大切さを説いています。外資系企業に飛び込み海外で働くのもいいし、留学でもいいのです。一度放り込まれたら、自力で生き延びていくしかありません。英語ができないのも自分の問題ですから、相手は気を遣ってくれたりしないのです。そういう環境に自分を置いて鍛えることができる人は、自立した個を持ち始め、必ず伸びていきます。

自立した個の集団にいると、厳しさの中で必然的に育っていくものです。

苦しむことによって人は自ら育つものです。

もし、あなたが自立した個が集まったチームの中にいるのなら、おそらくあなたの側には優れたリーダーがいるでしょう。その場合は、目上の人と積極的に関わりを持つようにしてほしいと思います。自分の中に自立した個を育てるため、またリーダーとしての資質を育てるために、その人から学べることがたくさんあるはずです。

もっとも、そういう環境にあれば、「仕事の契約がうまくいったから、今夜一杯付き合えよ」と無理矢理に部下を引っ張っていくような上司ではないだろうと思います。元来、優秀なリーダーは、仕事の話は仕事の場で完結させ、それでも十分にチームワークをつくり上げることができるからです。

チームワークは、お酒を飲みながらつくるものではありません。チームワークは、サッカーであればピッチの上でつくるものであり、野球であればグラウンドの上でつくるものです。仕事であれば、もちろんオフィスでつくるものに他なりません。リーダーのあり方、チームワークのあり方というのは、仕事のうえで具現化されるべきであり、会社の中で完結されるべきものなのです。

ところが、多くの人が、仕事の後にちびちびとお酒を飲みながら、「お前、あのとき取引先にこんなこといったらダメだよ」と上司にありがたいお説教をいただいて、「なるほど、これがチームワークか」と勘違いしています。一度勘違いすれば、自分が上司という立場になったとき、部下に同じように接するでしょう。

実際にはお酒を介して成り立つ上下関係など本来意味がないし、お酒が入った状態で実のある話などできません。お酒を飲んで初めて本音で話し合えるというのでは、リーダーとしての資質を疑われても仕方ありません。それを知っているから優秀なリーダーは、間違っても「飲みにケーション」を周りに強要したりしないのです。

とはいえ、本来あるべき姿のチームワークがすでに存在し、高いモラルに裏打ちされている状況にあれば、そのときの飲み会はまた違った意味でお互いに楽しいものとなるでしょう。ですが、それはあくまでも補完的なものであり、お互いが単に飲んで楽しむ場であるということです。

埋没した個の集合に自分がいるのであれば、周りとの関係を大きく阻害しない程度に付き合わないことです。お飾りのリーダーと、仕事を離れてまで親しくお付き合いする必要はありません。もし積極的に関わろうとする部下がいたら、その目的はゴマをする以外にないでしょう。

上司に付き合って飲むことや、部下を飲みに誘ったりすることのすべてを突っぱねろ、といいたいのではありません。ただ、一杯飲むことが必要不可欠かといえば、そうではないといいたいのです。

日本人的感覚からすれば「それはおかしい」と思われるかもしれませんが、まずはその感覚に疑問を持ち、見直してください。

繰り返しますが、リーダーシップを含め、チームワークはあくまでも仕事のうえで具現化され、会社の中で完結されるべきものなのです。

そうして目上の人との付き合い方を見直すことが、ひいては自分の中に自立した個を持つ仕事ができる社員、一流のビジネスマンへと自分を育てることにつながるはずです。

「仲間意識」が強い人、弱い人

チームプレーよりもまず大事にすべきこと

二〇一〇年八月にサッカー日本代表の監督に就任したザッケローニ氏は、八月に就任し、事前に十分な調整もできないままアジアカップに臨むことになりました。

試合に際しては、選手の入れ替えがかなり行なわれました。そしてザッケローニ監督は、優勝という素晴らしい結果を出しただけでなく、試合ではチームを掌握してみせたうえ、新しい戦力も発掘するなど、彼が生み出した成果には目覚ましいものがありました。

ここで私がいいたいのは、仲間意識やチームワークが発生する前段階として、まずはチームのメンバーを決める厳しい選択があるということです。そのうえで、さらにチームワークをつくっていくことがリーダーの務めといえます。

サッカー日本代表といえば精鋭ぞろいなわけですが、普通の会社で仕事においてチームをつくる場合は精鋭ぞろいとはいきません。正メンバーも控え選手もごちゃ混ぜにされた状態で、仕事をしていくことになります。

だからといって、失敗しても責任の所在をなあなあにしたり、上司が厳しくチェックしなかったりなど、傷の舐め合いをしていては結果を出せないのはわかりきったことです。


チームをうまく機能させるためには、リーダーとして上司が「勝ちパターン」をつくることから始める必要があります。勝ちパターンに沿って、チーム全員が同じ方向を向き、ゴールに向かって一斉に駆けていく状況をつくり出すのが、リーダーの役割です。

もちろん、チーム内のメンバーの実力差は大きく開いたままで残ってしまいますから、能力に見合った報酬を与えたり、それなりのポジションを与えたりと配慮する必要があるでしょう。これがチームの理想的なあり方といえます。

では、このチーム内で共有する「仲間意識」とは、具体的にどういうものなのでしょうか。実は日本でいうところの「チームワーク」とは、本来あるべき姿とは少し事情が違っています。

日本における「チームワーク」とは、個を抑え、チーム内で際だって目立つことのないように振る舞うことです。自立した個ではなく、埋没した個であることを求められます。

いわゆる滅私奉公であることが重要で、流れに逆らったり、立ち止まったり、急な変化をもたらしたりすることは歓迎されません。

この仲間意識が日本においては当たり前になっていて、日本人なら誰もが一定レベルで、日本式「チームワーク」の考え方をすでに持っています。そのため「仲間意識が強いか弱いか」というとき、誰であっても相当レベルで強いという基本があって、そのうえでさらに強いか弱いかを分類しなければならないでしょう。

しかし、本来のチームワークとは、「自立した個」をこそ大事にしてつくるものです。「埋没した個」の集まりでは成り立たないものなのです。

サッカー日本代表の選手は、得点力が足りないといわれ続けて久しいと思います。なぜ彼らがシュートできる場面でもシュートしないのかというと、目立つのがイヤだからです。日本人特有の埋没した個が、無意識で邪魔をしています。だから深層心理で躊躇して、せっかくのチャンスにもパスを回してしまうのです。これまでの選手たちは、個が埋没し、自分の判断で行動することができなくなっていました。

最近、多少なりとも変わってきたのは、「チャンスがあったら自分でシュートを打て」

という指示が上から出るようになったからです。個はまだ自立していなくても、指示が出ることで「シュートを打つのが正しい」という教えを受け取り、行動に移せるようになりました。いい換えれば、自分で判断することを身につけていないから、指示が出なければ打たないのです。

本当にあるべき姿は、各人がプロとして自他ともに実力を認めたうえで、個を大事にしていくことです。大リーガーのイチロー選手は「チームワークより、まず個人だ」というい方をよくしますが、まったくその通りだと私は思います。

逆の考え方を持つのが松井秀喜選手で、彼はチームワークを優先した考え方をしますから、日本で受け入れられるのは松井選手のようです。イチロー選手が嫌いだという人はいても、松井選手が嫌いだという人はあまりいません。

しかし、どちらが正しいかと聞かれたら、私はイチロー選手の考え方のほうが、リーダー論としては絶対的に正しいと思っています。

自立した個の集まりでチームをつくり、その中でチームワークをつくっていく――。いい仕事はそうした中から生まれてきます。それぞれが埋没した個では、チームワークとは名ばかりのごまかし合い、慰め合いに終わってしまいがちです。

ですから、まずは「自立した個」を持つことから始めてください。上からの指示をただ待っていないか、率先して自分から動けているか、自分の仕事を省みることです。

目立っていいのです。

それが正しいことなら、人と違うことをしてもいいのです。

「過去のやり方」にこだわる人

こうすれば「最善手」が見えてくる！

「レガシーシステム」という言葉があります。

企業などにおいて、新しく開発して導入する情報システムに対して、それ以前から利用されている既存のシステムを指していいます。

かつては時代遅れの代名詞でしたが、近年は会社において長年培われてきた重要な情報資産であるとする見方が強まっています。新規システムに連携・統合させるなど、いかにレガシーシステムに載っているソフトの内容を有効活用できるかが重視されるようになってきました。

実際、私も経験がありますが、どんなに新しく性能のいいシステムを会社に持ち込んでも、やはり過去からのソフトに載っている処理の方法は会社の状況に合わせてうまくつくられたものなので、利点が多くあるものです。ですから、単にベスト・プラクティスといって、「優れた会社でうまくいっている」という理由で自社のソフトを入れ替えて新システムを導入すると、かえって仕事を阻害する原因になることが少なくありません。

最新システムだからといって、導入すればそれですべてがうまくいくと考えるのは早計です。だからといって、新しいシステム、新しいベスト・プラクティスへと移行する必要性は変わりません。

大切なのは、過去のやり方を新しいやり方に組み込んでいく努力をすることです。「過去のやり方」に拘泥する人は、基本的にこの努力ができない人です。新しいやり方に向けて動いたり、受け入れたりする能力がありません。新しいやり方が理解できないので、当然それを導入することに反対します。いわゆる「抵抗勢力」になりがちなのは、こういう人たちです。

これは何もコンピュータ関連のシステムに限った問題ではありません。新しい制度や仕事のやり方を導入しようとすれば、過去のやり方と新しいやり方の間で摩擦が生じることは避けられません。

たとえば、電話対応の丁寧さでお客様からの評判がいい会社があったとします。これまで、「お客様からのお電話には何をおいても対応すべし」という姿勢で取り組んできたわけです。その会社が「がんばるタイム」の導入を決定したら、社員はどんな反応をするでしょうか。中には「がんばるタイムの時間帯に、お客様からかかってきた電話を無視するわけにはいきません」といった反対意見が出てくるかもしれません。常識的に考えればわかることですが、この場合、もちろんお客様の電話には対応するべきです。

一方で、たとえば打ち合わせのアポイントを取る場合や、定期的に連絡をもらう関係先に対しては、会社の事情を説明して「がんばるタイム」を避けた時間帯に約束をもらったり、電話をしてもらったりするようにお願いすることはできます。

こうして過去のやり方を取り入れつつ、新しいやり方をつくり上げていくことで、会社は電話対応への評価を損ねる危険もなくなるし、「がんばるタイム」導入への壁が一つ、取り払われることにもなります。

過去のやり方と、新しいやり方を、別個のものと考えないでください。若い人からすると古くさいやり方に見えても、理に適っていることは多々あり、むしろそれを無視することは会社の不利益につながる場合も多いのです。

逆に、新しい方法は慣れたやり方に比べればどこかしら使い勝手が悪くても、会社全体の効率アップをはじめ多くのメリットがあるから導入されるのです。

最も難しく、最も重要な点は、過去のやり方を新しいやり方に載せかえ、うまく逃げる方法を考えることであり、二つをどうやってブリッジしていくかです。

新旧どちらも単に切り捨てたりしないのが、一流のやり方なのです。

リスクを取る人、取らない人

できる社員は、「一か八かの勝負」はしない！

本当にできる社員は、リスクを取りません。

なぜなら、その必要がないからです。

仮に、一か八かのリスクを取らなければならない事態に陥ったなら、そういう状況を引き起こしてしまったこと自体が問題といえます。「リスクを取る」という選択肢を選ばざるを得なくなる前に、前もって手を打つのが本来あるべき姿です。

リスクは回避できます。

一つひとつ小さな判断をスピードを上げて重ねていけば、少なくともリスクなどというものに面と向かわなくても済むようになります。周りから見ればリスクのように見えても、本人にとってはリスクではないのです。「決断」を迫られるまで先延ばしするのではなく、小さな「判断」をどんどん下して、積み重ねていけば、最終的に大きな目的を達成することにつながります。

私自身、トリンプの社長を務めていたころ、大きな決断をした覚えも、リスクを取ったこともありませんでした。最後の一〇年は、本社に対して報告はしても、許可を求めたことはなかったと思います。

たとえば数十億円単位の投資を行なって物流の増設をしなければいけない場合でも、それはリスクを取るわけでも決断でもないのです。売り上げが伸びて、一〇年後にはさらに大きく伸びていると予想され、早く増設しなければ数年のうちに物流の許容量いっぱいになってしまうことがわかっているから投資が必要と判断した、というだけのことです。論理的な判断であれば、本社も必ずＯＫを出します。

何十億円というお金が動いても、私にとっては判断の一つでしかありませんでしたが、その他の人にとっては大きな決断に見えたかもしれません。判断を疎かにしている人ほど、会社が大きなリスクを抱え込んだように思えたでしょう。そういう人ほど、単に一か八かのリスクを取りにいくことになり、必ずどこかの時点で失敗します。

タクシーの運転手さんに聞いた話では、事故を起こすドライバーは決まっているそうです。要は、事故を起こしかねないリスクを取る運転の仕方をしているから、事故を起こすわけです。

どの会社にも一人か二人、「この人に任せれば何とかしてくれる」という信頼を一身に集める人がいるものです。

そういう人は間違いなく一流であり、リスクを取らない人です。周りから見ればリスクを取っているように見えますが、必ず先に手を打って判断を積み重ねているから、トラブルもなく、仕事もきちんとこなせます。

昨今、「TPP」という言葉が聞かれるようになりました。

これは「環太平洋戦略的経済連携協定（Trans-Pacific Partnership）」の略で、簡単に説明しますと、太平洋周辺の国々の間で、関税などを取り払って自由貿易圏をつくることを目指しています。

「自由」という言葉から一見するといいイメージを持ちそうですが、実際に関税をすべて取り払うとなれば、日本は譲歩しなければならないことが山ほどあります。

コンニャクもその一つです。実は、輸入品のコンニャクには以前、最大で一七〇〇パーセントの関税がかかっていたそうで、海外製品の価格が上がった今でも三五〇パーセントなのだそうです。過去に総理大臣も務めた大物代議士の選挙基盤がコンニャクの名産地であったため、その生産を守るためにそれだけの関税がかけられたともいわれています。このように高い関税をかけるという、その当時の判断は、どう考えても正しいとはいえません。もし今、TPPなどによって自由貿易になれば、海外からものすごく安いコンニャクが次々に入ってくるでしょう。

米もそうです。日本人は、世界で一番高い米を買っています。自由貿易になり、二期作、三期作が可能な東南アジアなどへ日本米を持っていってつくれば、はるかに安い米が次々に入ってくるはずです。

だから外国でつくればいい、などといいたいのではありません。日本の農業を衰退させるのはよくないことですし、安全保障という問題から考えれば日本でつくるべきです。ただ、今まで日本では関税に守られた状況の中で、安くつくり売るための努力がどれだけなされてきたのでしょうか。農地法、農協のあり方、株式会社参入など手を打たなければいけない課題が手つかずのままになっていたところに、TPPに参加せざるを得ない状況になったからといって急に「決断」を迫られれば、その結果、おそらく大量の血を流すことになるでしょう。

日本の農業は、はるか昔からの様々な人の思惑や農地法の問題などが絡み、幾重にも積み重なったまま放置されてきました。大きな問題に見えますが、一つひとつ問題を解きほぐして小さな判断を繰り返していけば、解決できないものではなかったはずです。

ところが、そこに「ポリティカリーコレクト」が入り込んできて、本音よりも建前に流されてしまい、解決がなされないまま今まで引きずってきてしまいました。

もしTPPへ参加することになれば、何軒のコンニャク屋が潰れることになるでしょうか。どれだけの農家が米づくりを断念することになるのでしょうか。

何十年も置いたままにしてきた問題です。本当ならば逐一判断し実行に移して解決してこなければならなかったことなのに、日本は早急に「決断」することを迫られています。

そもそも政治的に動くことは、解決とはいいません。決断でもありません。

問題を放置すると、他の問題とも絡み合って余計にややこしい事態になるのは、会社でも同じだし、個人でも同じです。

問題は小さなうちに一つずつ解決していくべきなのです。

どんな小さな判断も決して先送りにしないでください。
その意識を持っていれば、リスクを取る機会などあなたの目の前には起こりません。

（了）

仕事《しごと》ができる社員《しゃいん》、できない社員《しゃいん》

著　者——吉越浩一郎（よしこし・こういちろう）

発行者——押鐘太陽

発行所——株式会社三笠書房

〒102-0072 東京都千代田区飯田橋3-3-1
電話：(03)5226-5734（営業部）
　　：(03)5226-5731（編集部）
http://www.mikasashobo.co.jp

印　刷——誠宏印刷

製　本——宮田製本

編集責任者　迫　猛
ISBN978-4-8379-2416-6 C0030

T30066